CLAVES DEL LIDERAZGO EDUCATIVO

CLAVES DEL LIDERAZGO EDUCATIVO

Y LA GESTIÓN DEL CAMBIO EN INSTITUCIONES EDUCATIVAS

Aurora Reig Vañó

Aurora Reig Vañó

Primera edición: Diciembre 2022

ISBN: 978-84-09-47035-8

Depósito legal: A 654-2022

Impreso en España – Unión Europea

Índice

A los líderes educativos que he conocido.

De los que he aprendido.

Y de los que he desaprendido.

A todos, gracias.

Prólogo

"Creo que tú, como docente, deportista de élite y árbitro profesional, tienes mucho que decir sobre liderazgo desde una perspectiva muy valiosa" Esas fueron las palabras de Aurora cuando me dijo que escribía un libro sobre las claves del liderazgo educativo y la gestión del cambio. Cómo no, una vez más sus inquietudes yendo más allá. No me sorprendió viniendo de una persona que siempre se ha caracterizado por ser capaz, diferente, especial, inteligente e inquieta. Capaz de aprobar una oposición con 22 años, devoradora de formación personal, que cuestiona lo establecido para mejorarlo y disruptiva en todo lo que hace.

Este libro llega en un momento de madurez, formación y experiencia ideal. Es necesario leerla y escucharla cuando se tiene ocasión, porque ella sabe que la realidad va más allá de lo que siempre nos han contado. Esta obra posee un gran valor formativo sobre liderazgo, educación y ambas entrelazadas, aportando una visión novedosa, práctica y cercana. Su aportación se basa en salirse de lo conocido en educación.

¿Recordáis el profesor o profesora que más os marcó? El profesor que más marcó mi camino, seguramente tenía las mismas cualidades que aquel que recordáis los que estáis leyendo este prólogo. Así es, aquel que era un referente en el que apoyarme, un líder para mí, aquel que salía de lo común por convicción y me preparaba para la vida. Un líder inolvidable y, lamentablemente, de los que escasean.

Ser diferente en un sistema tradicional, estancado y con poca creatividad, en muchos de los casos ocasiona ser señalado, pero ¿y si lo que quiero es ser diferente en un sistema tan común? El sistema educativo debe ampliar miras, desde su base, desde el proceso de selección al día a día en un centro educativo. Es sistema es más que contenidos, objetivos o criterios de evaluación. En la vida actual, en la sociedad en la que vivimos, en la que los jóvenes se esconden en el refugio digital, el cual es a día de hoy una selva, necesitamos líderes y referentes a nivel educativo, familiar y social. Por ello, empieza por ser un líder y un referente para los tuyos, cuida tu salud y tu cuerpo, entrena, sé un buen marido, esposa, padre, madre, hijo o hija… pon en práctica el mejor liderazgo desde lo más pequeño, tendrás el camino más fácil para serlo en un equipo de trabajo. Trabajarás en ti, desarrollarás aptitudes, trabajarás en tu inteligencia emocional, desarrollarás la autoconciencia, la adaptabilidad y la comunicación. Darás luces donde hay sombras, tendrás un mejor pensamiento crítico, entenderás que todos tenemos que ser iguales dentro de nuestras diferencias, forjarás un compromiso en el aprendizaje continuo y aumentarás los niveles de resiliencia.

Afortunadamente, cada vez somos más conscientes de la importancia del liderazgo en el sistema educativo, su formación y desarrollo. Hay pequeños rayos de sol. Por ello, este libro es tan necesario, sin duda es una experiencia enriquecedora para cada uno de los lectores.

¿Cómo ser un buen líder? ¿Dónde queda la formación al profesorado en liderazgo? ¿De quién se debe rodear un líder? ¿Cómo dar el paso al cambio? Estas y muchas preguntas que puedes hacerte, son abordadas en las siguientes páginas, junto con herramientas prácticas que poder utilizar en nuestro día a día. Aurora nos hará reflexionar y nos hará crear desde la palabra pensamientos y realidades, nuestra realidad, para nuestro contexto. Poneos cómodos, coged papel y lápiz y disfrutad de cada una de las ideas y aventuras en las que os introducirá, pero sobre todo lo que os sugiero es que abráis la mente y dejéis de lado las reglas establecidas.

Gracias por hacerme partícipe de este proyecto, por ti, por *ella* y por todos los docentes a los que vas a ayudar con la lectura de este libro, porque los sueños no se pierden si las personas no los abandonan.

Saúl Ais Reig, árbitro profesional y docente.

Introducción

No sé si recuerdas cuando eras pequeño, al director/a o jefe/a de estudios de tu colegio. Era algo como *la maternelle*. Algo muy familiar. Unos años más tarde, cuando te convertiste en docente, pasaban días en los que no les veías el pelo o, veías su coronilla asomando detrás de la mesa de papeles cuando pasabas por la puerta del despacho para coger fotocopias, llamar a algún padre, ir a una guardia o salir a alguna reunión de equipo.

Y es que las exigencias a un equipo directivo no son las que eran. Ahora no solo tienen la responsabilidad de representar al centro y gestionarlo. Además tienen que adaptarse a los cambios normativos y legislativos *ipso facto*, a veces todavía sin normativa desarrollada que les guíe, cubrir los vacíos y los silencios de la Administración, realizar tareas administrativas, gestionar el capital humano de hasta un centenar de personas, motivar, gestionar la resistencia al cambio y la falta de motivación de los docentes, estar a la última en innovación educativa para no bajarse del carro, estar atentos al *timing* y los plazos de la Consejería para no perder recursos; tienen que ser capaces de dinamizar a su equipo, tienen que ser buenos comunicadores, tener carisma, determinación, inteligencia emocional y tener muy claro y consciente el camino para impedir que el exceso de burocracia les haga perder el foco de hacia dónde va el barco de su institución educativa.

En más de una década en distintos centros educativos, desde infantil y primaria, hasta formación profesional, pasando por educación secundaria y centros de acción educativa singular, escuchando a compañeros y a compañeros miembros de equipos directivos, cada vez parecen resonar más palabras como: estrés, exceso de burocracia, falta de tiempo, ansiedad o *burnout* (síndrome de desgaste profesional). Lo cual sorprende viniendo de una profesión históricamente relacionada con la vocación, el amor y la armonía.

La sociedad y el mundo entero están en constante evolución, cambian e innovan a una velocidad vertiginosa. Todos los profesionales en general en entornos laborales necesitan adaptarse a estos cambios pero, en lo que nos ocupa, ¿te parece si hablamos de la adaptación al cambio en los líderes educativos?

Si hay algo que caracteriza al entorno educativo es que el cambio es lo único que persiste. Leyes educativas cambiantes que implican cambios estructurales y de paradigmas que se inician con esfuerzos y se modifican antes de que puedan llegar a andar, estandarización y burocracia, planes y protocolos organizativos nuevos cada curso, cambios tecnológicos, metodológicos y evaluativos... La capacidad de reacción y adaptación es algo que se requiere de los docentes líderes de manera insoslayable. Los líderes y representantes de los centros, actualmente, están formados en normativa y procedimientos burocráticos, fundamentales para desempeñar sus funciones, pero parece que se echan de menos herramientas, fundamentos y acciones concretas para ayudar al equipo a gestionar esos cambios, actuar como guía, liderar y gestionar las dificultades y la resistencia al cambio. Alguien que necesita ayuda, tendrá dificultad para ayudar.

Estos cambios en las organizaciones se gestionan a través de lo más valioso que tienen: las personas. Para dirigir estos cambios hacia la mejora, se necesitan líderes influyentes, capaces de motivar y dinamizar a su equipo y con una determinación que cause impacto en el resto del equipo docente para que éste se implique, en equipo, en las propuestas de cambios para la mejora. El conocimiento de habilidades fundamentales de liderazgo y la dotación de herramientas para la gestión del cambio eficientes y que funcionen, son de vital importancia en la gestión como base hacia el éxito en centros de referencia.

En este ámbito educativo, los líderes educativos son los principales agentes de cambio. Su cambio tendrá repercusión en el resto del sistema. Por ello es esencial tener claro el origen y el camino hacia donde conducir la energía de las acciones para el cambio, lo cual implica una transmutación de lo viejo, el modelo y las creencias tradicionales, hacia una visión y un paradigma nuevo.

> ***"Cambiar la forma de liderar en cuanto a que si cambio yo,***
> ***cambia todo"***

En estas páginas pretendo arrojar luz en aquello que es una necesidad, sobre nociones de liderazgo y herramientas de gestión de los recursos humanos en instituciones educativas, optimización del tiempo, comunicación y prevención de conflictos y herramientas para el desarrollo del talento, que puedan ayudar en el desempeño de cargos de liderazgo, desde una visión "docente-céntrica".

Hace un tiempo, desarrollando acciones formativas para docentes, me di cuenta de que todas las acciones hasta el momento estaban dirigidas al "cliente", es decir, a los alumnos y en definitiva, a la sociedad (entre otras cosas a formar individuos competentes en y para la sociedad y el mercado laboral que les espera) así como a la gestión burocrática. Y estábamos perdiendo a los encargados de hacer realidad estos procesos y de hacerlo además con calidad: a los trabajadores de nuestra organización, a nuestro equipo, a los docentes, en los que la motivación se da por supuesta y sobre los que recae la creencia de que su vocación todo lo puede.

Se está en posición de exigir si se dan las herramientas. Es hora de poner al docente en el centro.

CAPÍTULO 1

Liderazgo educativo

*"Los grandes líderes creen que trabajan para su equipo
los líderes mediocres creen que su equipo trabaja para ellos"*
ALEXANDER DEN HEIJER

Antes de empezar a transmitirte herramientas que te pueden ayudar a ser mejor líder, gestionar de forma más ágil y con el mínimo gasto de energía, quiero proponerte una pequeña práctica.

1 Práctica

En la situación calmada en la que puedes estar leyendo estas líneas, haz cinco respiraciones profundas. Te pido que traigas a tu mente a una persona querida, que añores y que ha sido significativa para ti (que no sean tus padres). Permite que emerja su imagen y su energía.

- *Ahora anota en 3 palabras cómo te hacía sentir.*

  ____

- *Anota una forma característica sobre cómo actuaba. Tanto contigo como con los demás:* _______________________
- *Escribe palabras que recuerdes o aún tengas presentes a día de hoy, ¿qué te decía?* _______________________

Vuelve con tu respiración de nuevo.

Y tan solo reflexiona sobre las habilidades de relación, liderazgo o influencia de esa persona y cómo influyeron en ti, en cómo te sentías, en el ejemplo y en tu conducta a día de hoy.

El concepto de líder

Seguramente, si preguntamos a distintas personas sobre qué es para ellos un líder, obtendríamos respuestas distintas, incluso si preguntamos a entendidos. En 1986 se definió el liderazgo en el Diccionario de la Lengua Española como "la dirección, jefatura o conducción de una colectividad".

Mucho ha llovido desde entonces. Tanto la sociedad como la percepción del liderazgo han ido evolucionando desde las estructuras y conductas rígidas a actitudes nuevas y modificadas. Distintos autores han remarcado nuevas habilidades y premisas en el liderazgo apareciendo en sus definiciones términos como: influencia, cambio,

visión, objetivos, habilidades que se pueden ejercitar o descubrir…
En el año 2008, Daniel Goleman introdujo la necesidad de fomentar emociones y de desarrollar un interés genuino en las personas, destacando la parte humana del líder y su desarrollo personal y emocional. Estos argumentos responden a la idea de que no hay buen líder que no sea buena persona.

Existen muchas definiciones y clasificaciones distintas de liderazgo, de tipos y estilos, si bien es cierto que la vertiente actual apuesta por un liderazgo de transformación (el cual se ha asociado a personalidades como Steve Jobs, Mahatma Gandhi, Nelson Mandela o Martin Luther King Jr.), que define un líder a partir de los siguientes principios:

- Crea una visión.
- Tiene un propósito claro.
- Motiva e inspira a otros a comprometerse con la misión.
- Desarrolla el potencial del equipo.
- Genera confianza.
- Reconoce a sus colaboradores.
- Es el ejemplo.
- Propicia espacios de crecimiento.

Dejando fuera ejecuciones para la figura del *manager o gestor* aspectos como gestionar los proyectos o gestionar el trabajo del equipo.

Estilos de liderazgo

Existen tantas formas de liderar como personas en el mundo, incluso en las instituciones educativas. La información que te presento a continuación no pretende ser una clasificación al uso sino ayudarte a identificar matices o tendencias en el liderazgo en ti mismo como líder o en otras personas, en el caso que seas un miembro del equipo, lo que te permitirá entender conductas y los efectos que producen en el equipo y en la organización.

<u>Estilo autocrático:</u>

Podemos identificar este estilo con una estructura en forma de pirámide en el que la toma de decisiones es unilateral de arriba hacia abajo y el control es máximo. La dirección se realiza mediante órdenes y los miembros del equipo actúan por coerción, no por convicción ni por motivación. Todo funciona como un reloj: se cumplen los plazos, los informes están completos, los programas se finalizan…

Este tipo de liderazgo es positivo a la hora de tomar decisiones con rapidez, ya que la responsabilidad solo recae en una misma persona. Sin embargo, a posteriori, se genera un clima laboral nada recomendable. La productividad es alta cuando el líder está presente y muy baja cuando no está.

Estilo democrático o participativo:

En este estilo de liderazgo, se tienen en cuenta las aportaciones e ideas del equipo en la toma de decisiones, aunque el líder es el que tiene la última palabra. Como el equipo participa, la motivación es alta y la comunicación fluye en ambas direcciones. El control es medio con guía y apoyo. La toma de decisiones puede ser lenta y puede dilatarse el consenso, pero resulta bien organizada.

Con colaboradores competentes, propicia la colaboración, el trabajo en equipo, la comunicación interna y el desarrollo de nuevas habilidades. Aunque el líder es quien toma las decisiones, forma parte del equipo y las opiniones del resto de trabajadores son escuchadas y valoradas. A pesar de los hándicaps de este estilo, resulta beneficioso adoptar algunos matices de su esencia en equilibrio, apoyándose en un equipo confiable y competente para no sufrir la soledad del líder a la hora de tomar decisiones difíciles o afrontar momentos o situaciones arduas.

Estilo delegativo:

El control es muy bajo con pocas directrices, las decisiones las toma el equipo por lo que la comunicación es de abajo hacia arriba. Los roles del equipo están poco definidos, se "deja hacer".

La productividad puede ser más baja que en el estilo anterior aunque la motivación del equipo es muy alta siempre y cuando valore este estilo de liderazgo. El líder confía plenamente en los trabajadores, dejando que estos trabajen de motu propio. En efecto, se otorga una completa libertad, de ahí que se lleve adelante con trabajadores con gran iniciativa y experiencia.

Estilo burocrático:

Bajo este liderazgo se encuentra en el núcleo la precisión y la concreción de las normas impuestas para la organización, cumplir la normativa a rajatabla y cumplimentar todos los informes y papeleos. Un desarrollo repetitivo e inflexible. Como podrás imaginar, la burocracia es lo primero, no las personas.

Las malas lenguas dicen que la burocracia o estandarización excesiva está diseñada para entornos poco competentes y poco creativos, para suplir la necesidad de tomar decisiones e innovar. El secreto está en el equilibrio.

Estilo timonel:

Este estilo se puede considerar autoritario ya que el líder marca el rumbo y todo se hace según sus indicaciones como protagonista. Está orientado a resultados, objetivos o estándares de desempeño. Funciona bien en situaciones en las que es necesario ser técnico. No obstante, el clima puede deteriorarse debido a la exigencia y puede transmitirse una falta de confianza en la competencia e iniciativa de los trabajadores.

Estilo transformacional:

Como refería al inicio de este capítulo, este estilo está considerado hoy en día como el liderazgo en mayúsculas. Destaca por ser el liderazgo deseado según la mayoría de teóricos. Este líder busca el cambio y la innovación, inspira, pero a su vez se siente apoyado por algunos de sus empleados. Es un apoyo mutuo, con el fin de motivar, ganar confianza y respeto entre los distintos miembros del equipo. Comparte una visión apasionante con el equipo y les da su papel. El clima laboral en organizaciones bajo este estilo de liderazgo es generalmente muy bueno.

Estilo transaccional:

El liderazgo transaccional busca mantener procedimientos. Destaca su predisposición a delegar, aunque quedándose como supervisor. Trabaja con el sistema de recompensas a corto plazo e incentivos como medio de motivación entre los empleados. En empresas bajo este liderazgo podrás ser "empleado del mes". Los resultados mejoran aunque como consecuencia apela al interés propio de cada miembro para recibir beneficios.

El estilo de liderazgo tiene un impacto directo en los resultados de una organización. El ideal es la búsqueda del equilibrio y la conveniencia, no se trata tanto de cuál es mejor o peor, sino que la clave está en ser capaz de adaptarse al tipo de liderazgo más adecuado y eficaz según la organización y su cultura e incluso, según lo requiera la situación concreta.

A continuación, puedes retomar la práctica 1 y reflexionar sobre el tipo de liderazgo que resuena más contigo y en cómo impactó en ti el estilo de liderazgo que viviste.

Actitudes del líder como guía

El líder organizacional se transforma y se perfecciona a sí mismo en alguien que sea verdaderamente capaz de producir cambios en el mundo que le rodea, en sí mismo y en sus colaboradores. Se construye y se transforma a sí mismo y luego ayuda a otros a perfeccionarse.

Cada vez se hacen más necesariamente patentes en el liderazgo dos actitudes humanas esenciales: el servicio y el amor. Esto queda precioso sobre el papel, y lo es en una situación idealizada, pero la realidad es que liderar con éxito, y no solo con eficacia, un centro educativo, de verdad requiere mentalidad de servicio y dedicación plena. Según el sistema actual, incluso rozando el altruismo. Lamentablemente, mientras el sistema no cambie y se modernice acorde con la sociedad actual, el trabajo como líder no va a verse repercutido económicamente en base al valor que aporte a la comunidad, a los logros de su equipo o a la buena labor que haga.

Un líder que necesariamente se encuentra al servicio del colaborador, mediante un amor genuinamente humano, lo conduce hacia el objetivo que el colaborador ha elegido. Esa misión o destino pudo haber sido visualizado por el líder o por la organización, pero en cualquier caso siempre debe ser elegido a conciencia por el colaborador (Landolfi, 2016). Aquí entran el juego sus propios valores, su visión y su compromiso. Por ello, es importante hacer partícipes a todos los miembros de esa visión y esa cultura que todos quieren y van a respirar juntos.

El líder, en este caso, debe velar por el equilibrio en la consecución de los objetivos comunes como equipo o institución y el alcance de los objetivos y logros personales de los colaboradores, de forma simultánea.

Si pensamos en un guía de una ruta de senderismo, éste es el que va delante o junto con el grupo y el resto del grupo le sigue. Si pensamos en una clase de baile, el guía baila delante de las personas y ellas le siguen e imitan con sus movimientos y pasos. Por tanto, no se entiende el liderazgo sin el ejemplo, sin actuar ejemplarmente. Pues ya sabes, como educador, que al educar no resulta coherente que pidas que el niño haga algo que tú mismo no haces.

Siguiendo con las mismas analogías, es importante que el guía conozca la ruta y dónde lleva la excusión para guiar a los demás. Cada senderista del grupo caminará a un ritmo distinto, usará herramientas distintas (botas, palos, distinta indumentaria…) y tendrá su propio motivo por el cual quiere llegar a la meta. Asimismo, es importante que el guía de baile conozca los pasos y la coreografía que quiere crear. Luego cada bailarín bailará con su propio estilo la coreografía común. Dicho con otras palabras, el líder debe tener clara la visión y debe acompañar a alinear la visión propia de cada miembro del grupo con la común desde una óptica multifocal. La función del líder en este sentido es esencial y consiste en conectar a cada uno de los liderados con la visión de la institución y la visión personal de cada uno, mantener viva esa visión, de manera que todos son importantes en su conservación.

Ese cambio se inicia en el líder primero y se proyecta después en ejemplo, responsabilidad, cooperación, empatía, influencia y compromiso, desde una conexión humana profunda.

¿Qué es la influencia?

La influencia es la consecuencia o el cambio que produce una cosa en otra. En términos de liderazgo, se traduce en la capacidad del líder de producir el cambio alineando a las personas de su equipo con las ideas y acciones estratégicas de la organización.

Esta capacidad es real aunque no todo el mundo está dispuesto a asumir la responsabilidad que la procede. Puede que la cuestión de fondo sea la creencia de que no se tiene esa capacidad o que no se tenga consciencia del impacto y el poder que se posee.

"Si crees que eres demasiado pequeño
para ejercer cualquier influencia,
intenta acostarte con un mosquito en la habitación"
R.Sharma

Es, pues, una habilidad distintiva para el liderazgo. No se trata de convencer sino de acompañar, comprender a las personas sobre las que se impacta.

Estas habilidades pueden aprenderse y desarrollarse por el líder mediante relaciones basadas en la empatía genuina, escuchando antes de pretender ser entendido, desarrollando habilidades de comunicación efectiva y desempeñando su labor desde un ejemplo de coherencia. Abrazar una actitud íntegra conecta con las personas, transmite seguridad, positividad y motivación, influenciando mediante el ejemplo a seguir.

Cualidades de los nuevos líderes educativos

En la sociedad de hoy en día, en los entornos laborales en general y especialmente en el docente, si hay algo que no cambia, es el cambio.

Estos cambios se traducen en nuevos paradigmas y nueva legislación que influyen en la organización escolar, los protocolos, el personal, las funciones, los objetivos, los contenidos, las nomenclaturas, las estructuras, planes de mejora, necesidades de formación y un largo etcétera. Hacen que la complejidad de liderar centros educativos vaya en aumento debido al incremento de la exigencia y el volumen de trabajo, conjuntamente con la rápida adaptabilidad y capacidad de reacción demandada. A la responsabilidad de representación como institución, se le ha sumado la gestión de personas de toda la comunidad educativa.

Liderar un centro educativo ya no es lo que era en cuanto a necesidad de preparación y dominio de burocracia y legislación. Además de entender bien los estilos de liderazgo y los diferentes tipos de culturas, es necesario adquirir conocimientos y destrezas relacionadas con el capital humano.

El activo más importante para la calidad y la gestión del cambio

¿Qué es lo más importante en un centro educativo? ¿Cuál es, para ti, el activo más importante que implica un salto de calidad?

Para dar un salto de calidad en una institución educativa se necesita a las personas que la conforman, sin ellas, resulta inviable. Los cambios exitosos se gestionan con las personas, el activo más valioso. No se puede gestionar el cambio, desarrollar proyectos, hacerlos reales y tangibles, sin la implicación de nuestro equipo. Sin ellos el proyecto, el plan de mejora, la metodología innovadora…se quedarán en el papel redactado desde el despacho. Los buenos centros los hacen las personas. El líder que entienda esto, habrá entendido todo.

El líder que queremos, el líder que apetece

En líneas anteriores hemos hablado del impacto del estilo de liderazgo en el equipo, el desarrollo de propuestas de calidad, el clima de la organización y la motivación de los colaboradores. También he puesto de manifiesto la importancia de la claridad del líder en cuanto a la dirección a seguir hacia la misión y de su capacidad para sintonizar a su equipo con las ideas y acciones estratégicas. En este punto, te planteo desde una perspectiva cercana que simplemente pienses en un liderazgo que APETECE y te propongo algunas herramientas prácticas.

A, de Aspiración

Un líder con aspiración tiene claro lo que quiere conseguir, lo mueve un deseo intenso de conseguir algo. Conocerte a ti mismo, conocer cuáles son los principales valores y creencias que guían tus acciones, determinar qué es lo que más te importa y la razón trascendente por la que es tan importante para ti, te va a facilitar sentido y coherencia.

- ¿Cuál es tu misión en tu proyecto de centro?
- ¿Por qué te levantas cada mañana y te dedicas a la educación?

Los mejores líderes no son los que se centran en su objetivo de hacer cosas, ser productivos o ganar dinero, sino los que focalizan y se preocupan en cumplir su misión. Tener clara tu misión y tus valores, incrementa tu determinación y tiene un impacto significativo en el compromiso de los miembros del equipo.

Un líder es realmente eficaz cuando lidera de acuerdo con los principios que son fundamentales para él, de lo contrario, se notará una incoherencia que puede llevar a confusión en el equipo. Si lidera alineado con sus valores y visión, tendrá una actitud proactiva, de hacer de manera congruente. Sin ese foco, su actitud será reactiva, es decir, no avanzará con el foco puesto en la misión sino que se moverá reaccionando a estímulos externos.

P, de Personas

Un líder centrado en las personas. La pregunta clave aquí es:

¿qué necesita mi equipo?

Te voy a hablar de una herramienta de gestión del capital humano llamada *"Job crafting"*. Surge de la consideración de que cada persona tiene unas características y particularidades únicas. Por ello, hay que atender a los intereses, fortalezas o debilidades para aplicar de la manera más eficiente esta técnica que consiste en rediseñar el propio puesto de trabajo para el empleado, en función de sus singularidades, capacidades, habilidades y objetivos.

En ocasiones lo hacemos de forma casi inconsciente, otras en cambio, de la misma manera inconsciente hacemos justo lo contrario sin pensar en lo perjudicial que puede resultar. En cualquier caso, el uso intencionado o no de esta herramienta disminuye el estrés, mejora la satisfacción, la motivación y el compromiso como trabajador. Puedes aplicarla como líder de equipo o utilizarla para personalizar tu propio puesto de trabajo.

En definitiva, se trata de adaptar el puesto a los valores, la pasión y las fortalezas de la persona, modelando tareas, relaciones y percepciones del trabajo. Como líder te permite aprovechar el poder de la experiencia y las fortalezas de tus trabajadores.

¿Cómo se traduce esto en el ámbito educativo?

Dentro del clima educacional, resulta factible desarrollar el primer eslabón de esta herramienta, centrándose en parte de las tareas. Se trata de propiciar las condiciones que permitan adaptar tareas y responsabilidades, marcando una gran diferencia para el trabajador y para la organización ya que esas tareas y responsabilidades serán personalmente significativas, atractivas y satisfactorias para él. Pensemos en tareas simples y concretas del día a día del centro: la tutoría, por ejemplo. Probablemente te resulte fácil encontrar en tu experiencia a tutores entregados, a los que les encanta implicarse, conectar con los alumnos y tratar con las familias; por el contrario, para otras personas no es su fuerte, sin significar esto que sean malos profesionales ni malas personas, su grado de implicación no es el mismo, sucede así de manera natural. Pongamos por caso un ejemplo más banal pero igual de gráfico: ¿qué decir de los docentes a los que "les toca" montar y ensayar el baile de fin de curso con los alumnos? Encontramos polos opuestos: los hay que están pletóricos, se desviven hasta el punto que parece que sean los *coach* de cualquier programa de televisión de baile, mientras que otros lo viven con estrés, frustración y un gran bloqueo porque consideran que no se les da bien, no tienen ritmo o les faltan ideas para crear coreografías.

Como líderes, puede resultar más cómodo pasar esto por alto a la hora de cuadrar horarios u otras tareas operativas, pero estamos pagando con desmotivación, peor ambiente, menor compromiso y menor implicación.

En el siguiente nivel de personalización se encuentra el plan de desarrollo laboral del colaborador, llevado a cabo por el líder proporcionando apoyos y generando tanto desafíos como oportunidades para su evolución y crecimiento profesional.

Un dato:

El 92% de los participantes en la investigación del MIT S. Management Review que hicieron Job crafting después de la pandemia, experimentaron una vida laboral más satisfactoria y mayor satisfacción personal. Además redujo un 29% la rotación laboral, aumentando la fidelización del talento.

2 Práctica

Las preguntas que te presento a continuación te ayudarán a autoevaluar y tomar consciencia de las tareas que pueden consumirte la energía, disminuir tu motivación o entusiasmo, así como aquellas que promueven en ti auténtica pasión. Permítete un espacio de reflexión para tomar algunas notas.

- ☐ *¿Qué es lo que más te gusta de tu trabajo?*
- ☐ *¿Qué es lo que menos te gusta?*
- ☐ *¿Qué labor te consume más energía?*
- ☐ *¿Qué tareas haces con menos entusiasmo?*
- ☐ *¿En qué labor te sumerges y se te van las horas?*
- ☐ *¿Qué tareas, que ahora no tienes, te gustaría desarrollar en la organización?*

☐ *¿Qué tareas contribuyen o contribuirían a la consecución de tus objetivos personales?*

E, de Escucha

Se trata de escuchar activamente, sin emitir juicios y sin poner etiquetas mientras la otra persona expone sus ideas, sentimientos o peticiones, para captar de la manera más eficaz el marco de referencia del emisor y reducir al máximo las distorsiones en la comunicación. Como suelo decir, poner tu mente en *pause* mientras la otra persona se expresa.

T, de Talento

Fideliza el talento: haz que quieran quedarse.

Anteriormente he reflexionado acerca del activo más importante que tiene una organización y que sin el equipo todo sería más complejo. Existe una creencia en algunos líderes, que les hace adoptar acciones que ahuyentan el talento. Esta creencia parte del miedo y las inseguridades propias y hace que resuenen en su mente ideas como: "si hay en el equipo alguien mejor que yo, me va a quitar el puesto…me va a quitar protagonismo…me va a dejar en evidencia porque yo no sé hacer eso y todos se van a dar cuenta…voy a quedar mal…" Si estas ideas te resuenan, lo mejor es que identifiques y trabajes en estas creencias porque esos miedos e inseguridades que te pueden llevar a sentirte seguro en un equipo mediocre, pueden llevar a que tu organización se quede sin talento y además pueden replicarse en distintos ámbitos de tu vida.

¿Sabes cuáles son las personas que tienes que contratar o, en su caso, que tienes que hacer que se queden en tu centro y tenerlos en tu equipo?

A los que sean mejores que tú. Sí. A los que tengan cosas que tú no tienes, a personas brillantes que aporten valor a tu organización, que dinamicen, que innoven, que tengan habilidades y conocimientos nuevos incluso que tú no tienes, colaboradores con ideas frescas, que sean creativos y que tengan ganas. Que salgan y que saquen a los demás de la zona de confort. Eso es lo que va a hacer que destaque tu centro por encima de los demás, eso es lo que va a hacer que tu claustro tenga esa chispa y esté motivado y comprometido. Centros con líderes con miedos han perdido profesionales super competentes con el "así siempre se ha hecho así o aquí se hace así", que no han querido perder su comodidad y han visto en su esencia, en su energía y en su talento a personas que han mirado con recelo. Lo que está ocurriendo en realidad es que ese tipo de personas les están ayudando a adaptarse al cambio, a innovar, a renovarse y a ser mejores. Pero para ver esto necesitan quitarse las gafas de la inseguridad.

Y si estás en el lado contrario, te contaré que dicen que un pez crece en la medida del tamaño del estanque, así que crece y crece fuera de ese estanque y vete a aportar valor a otro centro, porque la realidad es que no vas a perder el centro, sino que el centro te va a perder a ti.

E, de Entusiasmo

Transmite entusiasmo y optimismo. La actitud se contagia, ya sea la de entusiasmo o la de pesimismo. Si pretendes impulsar un cambio, es necesario que produzcas resonancia y contagio en tus colaboradores (Goleman, 2022) Un hecho puede provocarte emociones que no puedes evitar, pero lo que si puedes controlar al 100% es la actitud para tratar de superar las dificultades. Esforzarte por tener una buena predisposición y una actitud positiva no te garantizará el éxito pero si te limitas a quejarte, entonces sí garantizarás el fracaso.

C, de Comunicación

La resonancia que señalo en el apartado anterior, es el resultado de la comunicación emprendida por el líder y que impulsa y dirige la acción sobre la base de un clima emocional positivo.

Anteriormente te he hablado de la integridad del líder, que favorece el proceso comunicacional de la organización, haciendo posible estructurar sobre un contexto de confianza la emisión de mensajes que lleguen de manera positiva y eficaz. El líder, a través de sus actuaciones verbales y no verbales, se transforma en el principal gestor del clima emocional de un equipo u organización. Esto supone una gran responsabilidad y precisa que el líder esté en dominio consciente de sus emociones con el propósito de que el mensaje sea interpretado de forma eficaz.

E, de Ejemplo

Decía Einstein que el ejemplo no es la mejor manera de enseñar, es la única. Sé el primero en tomar responsabilidad con ética y autenticidad, siendo honesto y genuino, sin pretender adquirir un personaje. Los equipos y las personas valoran la vulnerabilidad del líder. En un ambiente basado en la confianza, la seguridad y el respeto, se puede permitir mostrar las vulnerabilidades y debilidades permitidas sin ser usadas como arma arrojadiza. Esta será la base para construir la confianza y la cohesión del equipo.

El líder se hace (con constancia)

Puedes encontrar numerosos manuales que te muestren listas interminables de cualidades que debes tener para un liderazgo TOP, del tipo: debes tener habilidades comunicativas, debes saber motivar y automotivarte o debes tener carisma. Como si pudieras decir "Venga, a partir de hoy voy a tener carisma". Está muy bien saber esas cosas, para tener en cuenta sobre qué podemos necesitar trabajar, para buscar herramientas para desarrollarlo o para saber sobre qué aspectos valiosos poner foco para mejorar, pero lo verdaderamente importante es aprender aptitudes de implementación, desarrollar estas cualidades, habilidades o acciones como hábitos. Y eso no se logra simplemente por tener una habilidad, se logra con constancia.

"Toma 21 días para construir un hábito
y 90 para construir un estilo de vida"

En ese proceso es necesario alcanzar dos hitos: el primero que empiece en ti mismo y el segundo que impacte en los demás. Resulta utópico un líder espectacular que antes no haya trabajado en sí mismo, en su propia inteligencia emocional, su autoconocimiento, su desarrollo personal o su actitud.

Inteligencia emocional en el líder estrella

En nuestro sistema educativo orientado hacia una formación y desarrollo integral, cada vez se demanda más la necesidad de educar la dimensión emocional. No obstante, no debemos olvidar que estas habilidades emocionales, afectivas y sociales deben ser enseñadas por un equipo docente que necesita dominarlas previamente y que en ocasiones, está lejos de tener herramientas para hacerlo.

Las investigaciones centradas en analizar la relación entre la inteligencia emocional y el ajuste personal del docente, señalan que la inteligencia emocional del profesorado predice el nivel del *burnout* que sufren. Además, que el profesorado experimenta, con más frecuencia, mayor número de emociones negativas que positivas. Por otro lado, el incremento de las emociones positivas, facilita la creación de un clima de aula que favorece el aprendizaje y contribuye al bienestar del alumnado. Tanto es así que los docentes con una mayor capacidad para identificar, comprender, regular y pensar con las emociones de forma inteligente, tienen más recursos para conseguir alumnos emocionalmente más preparados y para afrontar mejor los eventos estresantes que surgen con frecuencia en el contexto educativo.

Goleman detectó cinco dimensiones de la inteligencia emocional fundamentales en el liderazgo:

1. **La conciencia de sí mismo.** No hay inteligencia emocional sin autoconocimiento. Conocerte a ti mismo supone los cimientos para empezar a construir un liderazgo de éxito. La conciencia de uno mismo se extiende a ser francamente consciente de tus fortalezas y debilidades y de

cómo tus emociones, acciones y decisiones pueden afectar a tu desempeño y a las personas que te rodean.

2.   **La autorregulación.** Permite ser más reflexivo en la toma de decisiones apresuradas o emocionales, reaccionar ante estímulos, acontecimientos o personas, facilita la flexibilidad o el compromiso de un líder con responsabilidad personal. En definitiva, se trata de mantener un comportamiento más adecuado a la práctica profesional y la actividad. Las personas que tienen control de sus sentimientos e impulsos, son capaces de crear un ambiente de confianza y equidad. En un ambiente de confianza, los conflictos se reducen drásticamente y mejora el ambiente laboral, lo que hace que las personas con talento fluyan hacia la organización.

3.   **La motivación.** Estar motivado es lo que te impulsa a trabajar de forma constante hacia tus objetivos con altos estándares de calidad. El líder motivado ve oportunidades donde otros no pueden, está motivado para aprovechar esas oportunidades y buscar la mejor resolución de los problemas.

4.   **La empatía.** No significa adoptar las emociones de otras personas como propias y tratar de complacer a todo el mundo, sino comprender las necesidades de los demás y hacer que se sientan respetados. Un líder debe tener una profunda consideración por los sentimientos de los colaboradores,

ayudar a que los miembros de su equipo se desarrollen, plantear desafíos que inviten a ser mejores, proporcionar *feedback* constructivo o escuchar activamente las necesidades y diferencias.

5.   **Las habilidades sociales**. Sin habilidades sociales, los otros cuatro componentes de la inteligencia emocional no tendrían sostén. Quienes las dominan establecen relaciones positivas, son grandes comunicadores y están abiertos a escuchar. Apoyan a los suyos y les hacen sentir parte del proyecto, son agentes de cambio y son claves en la resolución de conflictos.

La capacidad para identificar, comprender y regular las emociones es fundamental para los líderes pero también entre el profesorado, ya que estas habilidades van a influir en los procesos de aprendizaje, en la salud física, en la calidad de las relaciones interpersonales, el rendimiento académico y laboral y en el equilibrio de los equipos. La buena noticia es que la inteligencia emocional se puede entrenar dentro de un proceso de formación específica y de cambio, se puede desarrollar, puede formarse y practicarse poniendo en marcha herramientas de regulación, conocimiento emocional, percepción y expresión emocional. Y, de nuevo, nuestra amiga la constancia.

El líder que eliges ser

Tu actitud como líder es una elección. Como tu actitud en la vida. Existen recetas (aunque nunca mágicas para todos los contextos y personas) para crear ambientes altamente productivos y motivados a hacer bien las cosas. Aquí van cuatro píldoras para las que no necesitas ninguna teoría, ni formación, tan solo una cuestión de actitud y de elegir:

1. **Elige tu actitud sobre cómo hacer el trabajo.**

   Una actitud relacionada con pensamientos positivos, te lleva a experimentar emociones positivas. Experimentar emociones positivas te lleva a estados mentales y modos de comportamiento que, de forma indirecta, te preparan para enfrentar con éxito dificultades y adversidades venideras y te llevan a alcanzar niveles elevados de bienestar subjetivo. Y, ¿sabes qué ocurre cuando mantienes ese nivel de percepción de satisfacción vital? Varias cosas. Por un lado, si te ocurren situaciones perturbadoras, que podríamos identificar como negativas, permite que vuelvas más fácilmente al nivel de felicidad y satisfacción anterior. Seguro que te suena aquello de la resiliencia. Por otro lado, diversos estudios han hallado que los humanos somos capaces de aumentar nuestro nivel de felicidad a través de dos promotores de felicidad: uno basado en actividades intencionales (compromiso y esfuerzo en el cambio de actitud) y otro basado en cambios sociales (cambios en el entorno, las personas del entorno o el nivel socioeconómico). Aquí podría cobrar sentido aquello de: "El dinero no da la felicidad, pero prefiero llorar en un Ferrari", aunque prefiero que te quedes con las actividades intencionales de compromiso en el cambio de actitud.

2. Busca **algo que te divierta de tu trabajo y poténcialo**. Permítete darte un homenaje, aunque no tenga que ver directamente con tus tareas de liderazgo o de gestión. Trabajar no es sinónimo de aburrimiento.

3 Práctica

Dedica unos minutos a esbozar esta lista de la felicidad en tu trabajo:

CHECKLIST DE FELICIDAD

Lo que me hace feliz en mi trabajo es…

✓

✓

✓

✓

✓

3. **Haz el vínculo de relación con compañeros y alumnos más cálido y cercano.** Traspasa la barrera de jefe-subordinado y propicia la confianza y la cercanía.

4. **Haz notar tu presencia de manera positiva.** Intégrate en la dinámica del equipo. Si cuando llegas en la hora del almuerzo la conversación se detiene, es que algo anda mal. Además, un líder ausente no favorece el compromiso.

¿Qué decides elegir hoy?

Lidera según tus valores

Los valores se entienden como los principios, normas o convicciones morales que son transmitidas a través del ejemplo, el sentimiento o la experiencia. En la vida actúan como orientación a la hora de disponer la forma en que piensas junto con la forma en que actúas, ayudan a realizarte como persona en tanto en cuanto vivas conforme a estos principios.

Tus valores, consciente o inconscientemente, son una especie de brújula que orienta tus acciones. En el liderazgo, van a delimitar cómo deberían hacerse las cosas, lo que es permitido y lo que no desde tu propia percepción moral, marcándote flechas verdes o líneas rojas en tus acciones, decisiones y relaciones, por lo que resultan tan trascendentes para ti como para el resto del grupo.

4 Práctica

Del siguiente listado de valores, tacha los que sean menos importantes para ti. Haz un esfuerzo con los que quedan y repite la ronda hasta quedarte con 5 de ellos. Serán el TOP5 de los más importantes en tu vida. Puede que no sea fácil, tómate tu tiempo, esta actividad de toma de consciencia es muy valiosa.

Afecto	Adaptabilidad	Alegría	Apoyo
Amor	Asertividad	Espiritualidad	Humildad
Confianza	Innovación	Inspiración	Humor
Compasión	Familia	Verdad	Sinceridad
Integridad	Excelencia	Seguridad	Sinergia
Solidaridad	Perfección	Practicidad	Soledad
Responsabilidad	Reconocimiento	Trabajo en equipo	Medio Ambiente
Diplomacia	Lealtad	Libertad	Organización
Disciplina	Educación	Transparencia	Inspiración
Eficacia	Valentía	Superación	Perdón
Ahorro	Justicia	Estatus	Bienestar
Motivación	Gratitud	Tranquilidad	Respeto
Salud	Prudencia	Independencia	Equidad
Energía	Entusiasmo	Eficiencia	Diversión
Dignidad	Rigor	Conocimiento	Compromiso
Determinación	Control	Proactividad	Naturaleza

Escribe aquí los 5 valores con los que te has quedado:

Ahora, coge uno por uno sucesivamente y trata de responder a las siguientes preguntas:

Valor 1:

- ☐ *¿Del 1 al 10, cuánto estás honrando este valor en tu día a día?*
- ☐ *¿Qué diferencia supondría que en tu día a día como líder tuvieras más presente este valor?*
- ☐ *¿Qué acción concreta podrías hacer a partir de mañana para mejorar la consideración de este valor?*
- ☐ *¿Este valor representa alguno de los valores de la institución educativa? ¿Hay match? ¿Qué supone para ti que eso sea así?*
- ☐ *Repite las preguntas con los valores 2,3,4 y 5 de tu lista.*

Quizás te preguntarás por qué te he propuesto esta práctica. Volviendo a lo de antes y para explicarte las razones de forma rigurosa, lanzo esta reflexión:

¿Cómo es posible que trabajos similares y de características organizacionales equivalentes, sean asociados con diferentes grados de bienestar entre las personas?

Esto tiene que ver con características personales y del contexto y, en gran medida, con los valores que entran en juego.

El concepto de satisfacción laboral se relaciona con el estado emocional positivo o placentero que resulta de cómo percibe una persona de manera subjetiva las experiencias laborales, más específicamente de si el puesto cumple o permite cumplir los valores laborales del individuo. Por el contrario, la insatisfacción laboral se presenta como una respuesta emocional negativa hacia el puesto en tanto que este ignora, frustra o niega los valores propios. Por lo tanto, la satisfacción laboral está íntimamente vinculada con la percepción de que el trabajo cumple o hace posible la consecución de los valores importantes para el sujeto, siendo esos valores congruentes con sus necesidades. Si hay conflicto o incongruencia, la satisfacción se asocia con la productividad, el absentismo laboral, los cambios de empleo y el compromiso con la institución, afectando negativamente a todas estas variables.

La jerarquización e importancia que le damos a nuestros valores pueden variar según el punto vital o las experiencias vividas, por ello, puede convertirse en un hábito positivo que, cada cierto tiempo, des un paso al lado y salgas de la vorágine de trabajo y, en tu proceso de trabajo en ti mismo y de crecimiento como líder y como persona, tomes perspectiva y te pares a categorizar tus valores, como has hecho en la dinámica anterior, para reflexionar sobre si estás actuando en coherencia conforme piensas y cómo te sientes con ello.

Es sustancial conocer hacia dónde apunta la brújula que guía nuestros pasos y tomar consciencia de si estamos caminando en la dirección que nos marcan nuestras convicciones o, por el contrario, vamos en contra, ya que conforma la base del bienestar personal. Identificar y jerarquizar nuestros valores nos ayuda en aspectos como la toma de decisiones, la asunción de responsabilidades o el establecimiento de relaciones y vínculos.

Un líder que vive sus valores con integridad favorece una cultura organizacional fuerte y sólida.

CAPÍTULO 2

Hacia el camino del liderazgo de organización

Eres parte de algo más grande

*Preguntaron al trabajador de la limpieza
de la NASA qué hacía. Y respondió:
"Puse a los astronautas en la Luna"*

Liderazgo en las organizaciones educativas

En el capítulo anterior señalaba atributos del liderazgo partiendo del *yo*, pues lo primero que necesito activar como líder es conocerme a mí mismo, instruirme, saber quién soy, qué es importante para mí, cuáles son mis fortalezas y cualidades, en qué podría mejorar, qué habilidades tengo, qué se me da bien hacer, qué podría aceptar y qué rotundamente no. Pero el liderazgo no es una isla desierta, sino que se desarrolla dentro de un equipo, una organización o una institución más grande. Este paradigma de apertura y formación de redes es esencial en el desarrollo de líderes exitosos que socializan y se nutren de interacciones y recursos externos, ya sea dentro como fuera de la organización.

Tanto el líder como el propio talento de las personas que conforman el grupo, brillará o se opacará dependiendo del "*match*" que tenga con la propia cultura que se respire en la organización. Lo mismo sucederá con el resto de la comunidad.

Analizar la cultura y el ambiente de nuestra organización es un paso más para alinear coherentemente nuestro liderazgo con la misión y los valores principales. Sin embargo, es necesario que usemos la información obtenida para planificar y estimular acciones orientadas a mejorar la calidad del servicio y de nuestro desempeño. Este es un ejercicio que debe plantearse el líder con su equipo con relativa frecuencia para no caer en la comodidad o el confort en aspectos como el crecimiento, la formación o la innovación. Cuando un equipo directivo está maduro, es decir, cuando un líder educativo o su equipo están rodados y cómodos, es el momento de cambiar algo: el líder o la propuesta, bien sea diversificando o aportando más valor. La innovación y mejora no debe considerarse como una situación excepcional o que se activa al inicio del mandato, sino como algo inherente a la organización educativa, sobre todo en un ámbito tan cambiante como el que nos encontramos.

5 *Práctica*

Esta propuesta es una dinámica basada en preguntas que pueden ayudarte a saber si tu propia visión y misión está alineada con la de la organización y si tu trabajo resulta beneficioso, bien seas líder o colaborador, ya que de igual modo formas parte. Permítete tomarte tu tiempo, pensar o escribir de puño y letra las respuestas.

- *¿Cuál es el legado que quieres dejar?*
- *¿Cuáles dirías que son tus 5 objetivos principales a conseguir en tu vida laboral? Ordénalos por orden de importancia.*
- *¿Para qué haces lo que haces?*
- *¿La organización te puede permitir o te permite, de alguna manera, conseguir parte o la totalidad de estos objetivos?*
- *¿Coinciden en esencia los objetivos de la organización con los tuyos propios?*

Si estas dimensiones están alineadas es más probable que desarrolles tu trabajo con propósito, sintiéndote mejor día a día, aumentando tu bienestar y tu motivación.

Organización de la institución

El organigrama de los centros educativos debe ser distinto al de una empresa, puesto que el docente-líder en este caso (ya sea inspección educativa, equipo directivo, coordinador, asesor...) no está literalmente por encima del resto de compañeros docentes, sino que está para dar soporte en el desarrollo de su trabajo, además de las funciones de representación de la Administración y relacionadas con garantizar el cumplimiento de la normativa. Por ende, el equipo docente no está en el último eslabón, como podría suceder en una empresa estándar representada, por ejemplo, por un director general, un director financiero, comercial, de producción, de marketing…y operarios en última instancia; sino que en este caso, se trata de un departamento de primer orden en la institución debido al valor de su aportación al sistema educacional.

¿Cómo puedo saber la estructura de una organización en cuanto a la importancia de sus elementos? Preguntándote:

> 1. ¿Qué elemento/s son fundamentales para la supervivencia o el funcionamiento de la organización?
>
> 2. Si tuviera que crear este centro o servicio educativo desde cero, ¿cuál sería el primer elemento que necesitaría para que pudiera funcionar con propósito?
>
> 3. Si tuviera que hacer recortes más adelante, ¿de qué elementos podría prescindir sin que afectaran a su supervivencia?

Las respuestas te pueden llevar a la conclusión de que no tiene sentido que exista una institución educativa sin educadores, porque sin ellos el alcance de la propia misión de la institución sería difícil.

Es de consideración que el líder se plantee estas cuestiones, pues cuando esto no se interpreta de este modo se produce un desequilibrio en la organización en cuanto a mayores tensiones, además de en cuanto a justicia, reconocimiento, responsabilidades o rendimiento.

Cultura de las organizaciones

La cultura de un centro u organización es aquello que lo hace único, aquello que acontece en su interior, el ADN del centro que se refleja en su Proyecto Educativo y en todas las acciones y planes para la mejora que se activan, la inclusión, la convivencia, la comunicación, las relaciones con la comunidad... La cultura se respira en absolutamente todo lo que se hace y en cómo se hace, su estilo, su organización, su filosofía, sus relaciones, su nivel de flexibilidad, su tolerancia, sus valores o su confianza. Y es además un hecho estratégico porque condiciona el valor de "la marca". Tal vez no lo hayas pensado así pero tu centro es una marca en sí mismo, con una cultura propia y una manera de pensar y de hacer propia que puede atraer o alejar a los usuarios. En general, atraerá a aquellos que se sientan identificados con tu marca, que compartan la visión o los valores y alejará a aquellos que no estén conformes con la cultura, la organización, la política o la gestión.

A continuación, sin pretensión de que sea una clasificación teórica, usaré la tabla siguiente a modo de resumen ilustrativo, para que puedas tener una visión global de algunas características de los tipos de cultura en las organizaciones.

<table>
<tr><td rowspan="2">+ FLEXIBILIDAD Y AUTONOMÍA →</td><td>**CLAN**</td><td>**ADHOCRÁTICA**</td></tr>
<tr><td>Orientación interna. Favorece la colaboración, el trabajo en equipo, la participación de todos y el compromiso. Gran familia en la que se fomenta el desarrollo de las personas</td><td>Fomenta la creatividad, la autonomía y la comunicación. La gestión por proyectos no se lleva a cabo por objetivos, sino con distintos especialistas en grupos multidisciplinares. Se adapta a los cambios. Exigente y orientada a crear valor. Promueve un compromiso alto. Contratación por talento, no por puesto de trabajo. Puede tener una visión muy ambiciosa orientada a la excelencia</td></tr>
<tr><td rowspan="2">← + CONTROL</td><td>**BUROCRÁTICA**</td><td>**MERCADO**</td></tr>
<tr><td>Da importancia al control, la estandarización, las reglas, el cumplimiento de normas, cumplir procesos, seguridad y eficiencia. La comunicación es vertical. Se la relaciona con un mayor índice de burnout</td><td>Pone énfasis en lo externo. Importan aspectos como los resultados o el crecimiento</td></tr>
<tr><td></td><td>Foco interno</td><td>Foco externo</td></tr>
</table>

Este ADN que se elige marcará la estructura organizativa de la institución. Sea como sea que nos organicemos, la lucha por no perder el foco en la coherencia y la creación de valor, mientras lidiamos entre tareas técnicas y burocráticas, puede ser una batalla continua.

El aumento de la burocracia hace que, aparte de que tengamos menos tiempo para la creatividad en desarrollo de proyectos, materiales y clases, pongamos el foco en hacer y cumplir las tareas requeridas en los plazos requeridos, es decir, lo urgente, muchas de las cosas no orientadas a la creación de valor, y perdamos el foco de lo importante. Para abordar este hándicap es necesario desarrollar una estrategia de manera intencional y sistemática.

¿Apagas fuegos o creas valor?

A mayor estructura, las organizaciones se vuelven más pesadas, menos ágiles. ¿Cómo hacer un centro más ágil, que los colaboradores estén implicados y ayude a no perder el foco en la creación de valor? Destruyendo la organización tal como la conocemos. Que no cunda el pánico. Se trata de convertirla en pequeñas miniempresas o miniproyectos autónomos. Previamente, se necesita revisar los procesos y acciones para identificar aquellos que provean el máximo valor. Y, por supuesto, para ello el centro necesita una mayor flexibilidad en su organización haciendo uso de su autonomía.

Los centros educativos actualmente están departamentados (el departamento de matemáticas, el de biología…), esta forma de organización es eficaz y operativa para funciones técnicas, pero intrascendente para el desarrollo de programas o proyectos interdisciplinares que precisen una visión global o más amplia o habilidades diferenciales.

Este enfoque consiste en crear miniempresas/equipos con perfiles multidisciplinares, con asignación de tareas y funciones propias, compuestos por personas especializadas, sensibilizadas o con talento especial para desarrollar un proyecto estable o temporal que aporte valor en sí mismo (no para que resuelvan aspectos burocráticos). Esto pasa por confiar en equipos de profesionales competentes y con talento a los que el líder debe empoderar proporcionándoles herramientas y autonomía (no anarquía) para crear valor, innovar y liderar y desarrollar iniciativas en la dirección común. Pertenecer a estas miniempresas proporciona una visión de "empresario" que lidera su propio proyecto, el individuo se siente responsable e implicado y con un compromiso particular hacia su propósito. El papel del líder sigue siendo una capa más en tanto en cuanto es responsable de visualizar el talento, dar soporte y mantenerse cerca de la visión para aportar valor. Es decir, se asegura de que tengan sus necesidades cubiertas (recursos materiales, formativos, etc) para centrarse en aportar valor y desempeñar sus acciones con calidad.

Las últimas leyes educativas dotan a los centros de una mayor autonomía, pero cabe preguntarse si tienen los apoyos y la capacidad de desarrollarla.

Propuesta de valor

Para definir tu propuesta de valor es necesario que conozcas muy bien tu organización, el contexto y a las personas implicadas (comunidad educativa). Imagina que tu organización es una tienda ubicada en una avenida llena de tiendas que venden el mismo producto que tú, por ejemplo, ropa. Si eres la única tienda que vende ropa de deporte, las personas deportistas irán a tu tienda, porque satisfaces sus necesidades. Hay *match*. Si vendes productos sostenibles y respetuosos con el medio ambiente, las personas con conciencia ambiental preferirán comprarte a ti, porque coinciden con tu misión y tus valores. También hay *match*. Lo mismo pasa con los trabajadores de la tienda: un vegano en una carnicería podría sentirse un poco desubicado (no hay *match*), o puede que entre compañeros no se recomienden ir a una tienda en la que el jefe grita a sus empleados, por muy *cool* que parezca la tienda o muy *chula* que sea la ropa. También habrá quien compre en esa tienda porque le queda más cerca de casa y no puede o no quiere desplazarse, en ese caso su elección es por compensación y no por sintonía.

¿Por qué debería entrar a comprar a tu tienda y no a otra? ¿Por qué es mejor para mí trabajar en tu tienda y no en otra cercana?

¿Por qué debería llevar a mis hijos a tu centro y no a otro? ¿Qué hace a tu centro único?

Según lo que ofrezcas, lo que muestres, cómo lo transmitas y lo comuniques, incluso lo que digan de ti, atraerás a unos clientes y a unos trabajadores determinados que se sentirán motivados a acercarse, quedarse o alejarse según sus motivaciones, necesidades y valores.

Estos son aspectos que conviene plantearse para resaltar el valor que aportamos como organización, lo que tenemos para ofrecer, cuáles son nuestras virtudes y lo que nos hace diferentes.

6 *Práctica*

Las siguientes preguntas te ayudarán a profundizar en los pilares que sostienen tu organización, pensar en la misión que da sentido a su existencia, en cuáles son los valores que orientan sus acciones y en cuáles son sus metas a futuro.

- ☐ *¿Para qué existimos como organización? ¿Cuál es nuestra razón de ser?*
- ☐ *¿Para quién existimos específicamente?*

- *¿Qué tenemos para ofrecer? ¿Qué aportamos a la comunidad?*
- *¿Con qué soñamos?*
- *¿Cuáles son los objetivos inmediatos? Especifica 3-5 objetivos formulados en presente.*
- *¿Cuál es nuestro ámbito de acción?*
- *¿Qué nos diferencia de otros centros?*
- *¿Cómo nos comportamos? ¿Qué ambiente se respira honestamente?*
- *¿Cuáles son nuestros valores core?*
- *¿Qué tipo de talento queremos atraer?*
- *¿Estamos donde queremos estar? ¿Qué necesitamos que ocurra para mejorar?*
- *¿Cómo veo la institución en 5 años? ¿Y en 15? ¿Es hacia esa situación hacia la que nos queremos dirigir? ¿Nuestras acciones de hoy nos llevan hacia esa meta?*

Motivación y atracción del talento

Cuando la cultura de la organización o la propuesta de valor no conecta o no satisface las necesidades de las personas, se produce una fuga.

El empleado que se va por el sueldo,

puede volver por la cultura.

Pero el que se va por la cultura,
nunca volverá por el sueldo.

Si nos llevamos esto al ámbito educativo, seguro que conoces algún docente que trabaja lejos de casa, sacrificando tiempo y dinero, porque está a gusto en el centro. Por otra parte, habrá parte de profesionales (y familias) que elegirá otro centro aun viviendo en la acera de enfrente debido a que no conectan con su cultura. No se trata de pretender gustar a todo el mundo, sin embargo, un líder no debería dejar de reflexionar ante la cantidad de docentes que no dejan centros, dejan culturas tóxicas.

La pregunta es sencilla: ¿te gustaría tener al profesional con más talento en tu equipo o preferirías que lo tuviera otro centro u organización? Puede que la respuesta sea clara, hasta que te plantee la siguiente: ¿qué has hecho o qué puedes hacer para conseguirlo? A día de hoy, una parte de centros y organizaciones está muy limitada en cuanto a herramientas para sostener el talento, ya que en múltiples ocasiones la rotación del personal no está en sus manos, puesto que los docentes son poco más que un número en un listado. De modo que la alternativa más factible pasa por favorecer las condiciones para que, en la medida de sus posibilidades, el talento elija quedarse.

Una de las maneras de fidelización se basa en resultar atractivo para los potenciales talentos.

Ya hemos hablado de la propuesta de valor diferenciada en la que debemos trabajar a largo plazo de manera coherente, verdadera y exacta, que refleje la organización tal y como es. Ahora es el momento de dar el siguiente paso. Y como líder de la organización, la comunicación y desarrollo debe basarse en la confianza y en construir la imagen de un buen lugar para trabajar.

En este momento, debemos colocar al docente en el centro de las acciones e interacciones. Conocerle bien, pues es una persona que nos representa como institución; manifestar un interés genuino por sus expectativas, intereses y percepciones, así como cuidar la comunicación y la transparencia promoviendo que en su día a día en nuestro centro experimente una experiencia positiva. Tanto estos colaboradores, como los alumnos, las familias y todos los recursos y grupos con los que tengamos relación, serán nuestros mejores embajadores de marca, patrocinadores que de alguna manera mostrarán y transmitirán su satisfacción en sus interacciones. Los colaboradores además transmitirán los valores de la marca hacia la comunidad educativa, hacia el resto de la organización y también hacia la sociedad.

En la senda de resultar atractivos para los potenciales talentos y de motivar a nuestros colaboradores, no debemos perder de vista que en las instituciones educativas de este país, el plan de desarrollo de carrera e incentivos para los docentes o para los funcionarios de educación es limitado, por lo que necesitamos considerar otras alternativas factibles para nosotros dirigidas a incentivar y motivar a nuestro equipo. En esta ocasión me refiero al salario emocional.

El salario emocional constituye un abanico de incentivos no-monetarios super potente. En otras palabras, es todo lo que podemos ofrecer, que no es dinero, para satisfacer las necesidades de los colaboradores, transmitir reconocimiento y cuidado por el bienestar emocional y psicológico. Esto se corresponde con una filosofía orientada al *wellbeing,* que trabaja para favorecer el bienestar integral de los equipos, con el fin de que consigan estados físicos, mentales y emocionales positivos.

Hoy en día, las mejores empresas consideradas como mejores lugares para trabajar integran este aspecto en su cultura, considerando para sus empleados desde beneficios de salud y bienestar, beneficios culturales, deportivos, recreativos o de acceso a vivienda, hasta posibilidades de promoción y plan de desarrollo de carrera, como hacerse cargo de estudios complementarios de los trabajadores (que a medio plazo beneficiarán a la propia organización), pasando por facilidades para la conciliación como la flexibilización horaria.

Pero sin lugar a duda, en el TOP 5 de los aspectos más importantes para los empleados se encuentran: el ambiente laboral, el reconocimiento y la apreciación. Podemos referir con seguridad que inciden directamente en el bienestar emocional del colaborador, en su felicidad y motivación. Diversos estudios han demostrado que los empleados que reciben reconocimiento por su trabajo, tienen un mejor desempeño. Concluyen que existe una relación entre la satisfacción y el compromiso de los trabajadores, y el rendimiento y la productividad de la organización.

Los empleados felices son más eficaces,
más innovadores y están más motivados.

Por otra parte, otro estudio de la Universidad de Harvard explica que un empleado descontento o tóxico puede destrozar la dinámica de los equipos.

Como líder, tienes en tus manos un arma simple a la par que valiosa: el reconocimiento y la apreciación. Desarrolla acciones, palabras y gestos que evidencien que los colaboradores son vistos y valorados: honra con un valor, transmite un mensaje de reconocimiento, valora y aprecia las iniciativas, los proyectos, el tiempo dedicado, los resultados y las aportaciones al sistema. Pequeñas acciones que suponen una gran diferencia.

Existen otras actuaciones recomendables y asequibles que pueden ser claves en un liderazgo exitoso en la motivación del equipo:

1.	Fomenta el buen ambiente laboral, el trabajo en equipo y la confianza. Comunica abiertamente y con transparencia.

2.	Compartir el mismo espacio no significa conectar ni favorece la cohesión grupal por sí mismo. Organiza ecosistemas y espacios que den paso a oportunidades de recreación, de compartir y conectar física y socialmente, de activar la creatividad e innovar. Te sorprenderá el poder de un simple espacio para la tertulia y la distensión.

3.   Fomenta el balance de vida, la compatibilidad de la vida personal y profesional de tus pares. Considera que cada uno es libre de elegir la intensidad y el tiempo de la dedicación al trabajo.

4.   Haz al equipo parte de las decisiones, no solo de la parte ejecutora. La predisposición e implicación no será la misma. Si se toman decisiones unilaterales, ya que muchas veces la decisión final la tienes que tomar desde la responsabilidad y la soledad del líder, asegúrate de explicar bien las razones.

5.   Facilita oportunidades para desarrollar capacidades y conocimientos específicos. Proporciona apoyo para que los colaboradores puedan cumplir metas profesionales o personales, en lugar de interferir u oponerte. Los beneficios que vas a obtener de retorno compensarán con creces ese posible hándicap organizativo que pueda suponer en un determinado momento.

6.   Establece metas. Este *tip* basado en la teoría del establecimiento de metas te servirá para ti, para tus colaboradores y para tus alumnos. Demuestra que las personas que se fijan metas específicas, experimentan mayor motivación, tienen mejor desempeño, dirigen la atención a la meta y retiran distracciones irrelevantes.

7.   En el capítulo anterior hacía referencia a la adaptación de algunas tareas al talento de la persona, como herramienta de atracción y fidelización en una organización y es que puede suponer una manera de aportar valor a los usuarios. Esta propuesta consiste en adaptar una parte del trabajo al talento o motivaciones personales o enriquecer el puesto sobre dos vertientes:

   a. Plantear retos relacionados con su pasión, como una manera de motivar a través del desafío y de depositar expectativas altas que pueden condicionar en tal grado que se acaben cumpliendo. Como líder, si tratas a los demás como son, seguirán siendo como son; sin embargo, si los tratas como crees que pueden llegar a ser, podrán llegar a tal nivel de logro. Si tienes la suerte de tener en tu organización a colaboradores inconformistas, que dinamizan al equipo, ayudan a salir de la zona de confort y aportan nuevas ideas y perspectivas innovadoras, plantearles retos y apoyarles para emprender sus propuestas, será la mejor forma de motivación.

   b. Generar una percepción de trabajo significativo, mediante combinación de tareas, actividades que requieran variedad de aptitudes o formar distintas unidades de trabajo, proporciona autonomía y confianza. Estas acciones generan estados psicológicos que favorecen la motivación.

8.   Por último, atenúa los obstáculos que dificultan el desempeño. En ocasiones la aptitud depende de la oportunidad, el éxito lo facilita

o lo obstaculiza la existencia o falta de recursos de apoyo y oportunidades. Esto puede generar frustración y afectar a la eficacia personal percibida. Como líder, proporciona herramientas y soporte para favorecer el desempeño de los colaboradores que llevará al éxito compartido.

Sistematización del proceso de acogida de las nuevas incorporaciones

Supongamos que has "atraído" a personas nuevas a tu tienda, bien sea fruto de la comunicación de tu propuesta de valor, porque conectan con los valores o la cultura de tu organización o por cosas del destino (llamémosle Adjudicación X). ¿Y ahora qué? Ahora es el momento de prestar atención a lo siguiente:

¿Te has preguntado qué sienten los docentes cuando llegan al centro por primera vez?

Si tienes la imagen de profesores despistados por los pasillos durante el primer trimestre, puede que sea aconsejable desarrollar un plan de acogida (*plan de onboarding*).

Este proceso de acogida a los nuevos trabajadores es muy importante, ya que favorece la pronta integración al puesto de trabajo con la consiguiente puesta en marcha más rápida, reduce el tiempo de adaptación, aumenta el compromiso con la organización fortaleciendo la marca y conserva talento a largo plazo.

Se trata de diseñar pequeños gestos que generan un gran impacto. Aquí van algunas ideas, aunque lo ideal es que las personalicéis de forma que se adapten naturalmente a vuestro centro:

- En primer lugar debemos tener en cuenta que se trata de un proceso continuo y no solo del primer día. El proceso de acogida empieza antes de la llegada de la nueva incorporación. Asegúrate de que todo está preparado antes de su llegada (puede que sea algo desagradable que en tu casillero ponga el nombre de otra persona, que no tengas llave del mismo o del parking hasta pasadas semanas o meses), incluso puedes enviar previamente instrucciones como guía.

- Diseñar un paquete de bienvenida, una carta de bienvenida, un plan de presentación o un acompañamiento original.

- Iniciar con una formación de habilidades o herramientas específicas que necesitarán para realizar su trabajo.

- Asignar un *Buddy* o colega encargado de la acogida, su papel, funciones de apoyo y momentos de intervención.

- Generar "Momentos *WOW*", exacto, momentos inesperados que recordarán del centro, mediante actividades de cohesión grupal, gamificadas o un vídeo de bienvenida.

7 Práctica

Ya que estás sumergido en este tema, te propongo profundizar un poco más y esbozar un mapa mental para generar algunas ideas.

- *¿Diseñas experiencias de socialización y relación positivas? ¿Cuáles?*
- *¿Cómo enriqueces la experiencia del colaborador?*
- *¿Cómo fomentas su participación y expresión en la acogida?*
- *¿Cómo haces para involucrar a otras personas?*
- *¿Cómo sigues la experiencia del colaborador a lo largo del ciclo laboral?*
- *¿Quiénes serían los compañeros del centro más adecuados como encargados del acompañamiento, que contribuyan a su bienestar y compromiso con la organización?*
- *En definitiva, ¿qué vas a hacer para que se enamoren de tu centro?*

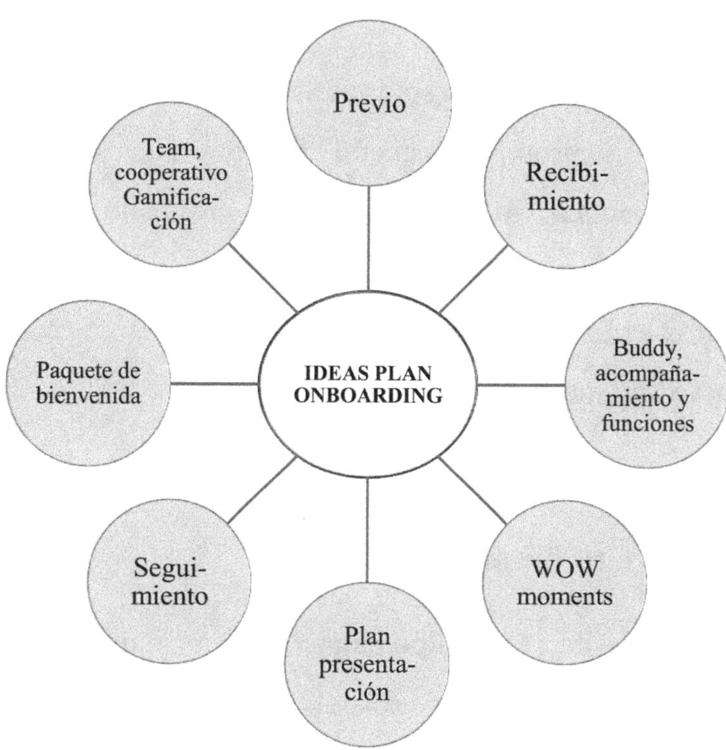

La motivación del líder

Tu proyecto de dirección, de asesoramiento o de inspección, incluso tu programación didáctica, es un reflejo de tus sueños, tus propuestas y logros para mejorar la calidad y el impacto en el sistema. No importa si es singular o corriente, lo importante es tenerlo por escrito y si puede ser, en un lugar visible, que te recuerde regularmente tu objetivo y sus beneficios. El proyecto funciona a modo de meta que sirve de inspiración, un plan a largo plazo muy necesario que ayuda a ser más productivo, sin el cual puedes perderte y perder el tiempo.

Este proyecto global está compuesto por hitos y propuestas concretas que llevan al propósito general. Celebra cada submeta alcanzada como un pequeño logro que lleva a tu propósito, su consecución y refuerzo genera dopamina, que da sensación de placer y activa circuitos cerebrales que te motivan y te animan a marcarte nuevos objetivos mientras disfrutas del camino.

Construye tu dream team

El líder necesita a su equipo para conseguir, juntos, los objetivos. El papel del líder en la detección del talento para tener el mejor equipo posible es primordial, aunque no solo eso, el equipo soñado debe caminar en la misma dirección, tener una visión y unos valores compartidos o afines. Un equipo rico y equilibrado en habilidades y personalidades, en el que se permitan las debilidades de unos porque son fortalezas de otros, es multidisciplinar, en el que están representados gran parte de sectores del claustro. Un equipo completo y balanceado en el que se permite la decisión individual sobre la intensidad en la dedicación, en el que la aportación al equipo sea equilibrada y en el que cada miembro conoce y realiza sus funciones sin interferir en las ajenas. Un equipo en el que la energía fluye y la conexión existe, es un equipo soñado.

CAPÍTULO 3

Comunicación efectiva
Prevención de conflictos
Toma de decisiones y resolución creativa de problemas

La ciencia nunca llegará con un sistema de comunicación mejor que el descanso para el café
E.Wilson

Los equipos de personas son como una combinación de engranajes, si uno de ellos falla o no encaja bien, repercute en que todo el sistema de engranajes: necesite hacer más fuerza para moverse, se dañen los engranajes contiguos por desgaste o el resto necesite compensar el movimiento de una de las partes deficientes.

En este capítulo me centraré en las piezas que hacen que un equipo funcione. El aceite para engrasar el engranaje, serán herramientas prácticas para la comunicación eficaz y la prevención de conflictos.

<u>Comunicación efectiva</u>

Los seres humanos somos seres sociales, necesitamos comunicarnos como un medio para nuestro bienestar psicológico, para satisfacer nuestras necesidades y las de los demás. Es un proceso que tiene dos direcciones: una interpersonal bidireccional al compartir, tener vínculos, expresar, aprender… y la otra intrapersonal, ya que estamos permanentemente comunicándonos con nosotros mismos.

Las investigaciones revelan que el potencial conflicto aumenta cuando hay barreras en la comunicación. Fruto de esta comunicación, en muchas instituciones educativas puede evidenciarse un deterioro de las relaciones entre docentes, personal administrativo y/o directivos, que puede derivarse de una comunicación deficiente, un liderazgo disfuncional, dificultad en el desarrollo de habilidades sociales o baja inteligencia emocional, lo cual afecta negativamente al desarrollo institucional y limita la calidad relacional y educativa de la institución.

En el desarrollo de un equipo en constante interacción, en ocasiones se producen fricciones derivadas de dificultades en la comunicación, que pueden afectar a dimensiones como la productividad, la autoeficacia percibida o el clima laboral, desencadenando desmotivación, renuncias silenciosas o fuga de talento. No siempre es debido a una comunicación hostil, que obviamente propiciará el malestar, sino que puede ser debido a una comunicación ineficaz o carente que provoque confusión o incomprensión. Es por ello que poner interés en la eficacia de la comunicación es primordial.

Comunicar sin juicios

Prestar atención a los hechos sin juzgar el mensaje, el contexto o a la persona, poniendo, como refería anteriormente, el *pause* en nuestra mente, mejorará de inicio el proceso comunicativo. Imagina que este proceso se desarrolla como un atestado policial en el que, el receptor como policía, si necesita más información o le quedan dudas, simplemente pregunta. Si no se pone el *pause* y quedan huecos en la historia, es fácil tender a rellenarlos con suposiciones, interpretaciones, juicios y películas. Es entonces cuando se activan emociones que pueden interferir en el estado propio y, por ende, en la comunicación. Con frecuencia la causa de esas emociones no se debe al mensaje de la otra persona sino a nuestra propia interpretación. La interpretación se convierte en un sesgo en la comunicación.

No vemos la realidad,

interpretamos lo que vemos

y le llamamos realidad.

Cabe tener en cuenta que el estado emocional del receptor en el momento de recibir una información, influirá en el modo en que la interprete. Se recibirá de manera distinta un mismo mensaje si se está enfadado, triste o alegre. Habitualmente en esos momentos se bloquearán los procesos racionales de la persona y en su caso se sustituirán por procesos emocionales. En ese caso puede verse afectada la respuesta o la toma de decisiones al respecto. Mejor tomarse el tiempo hasta que baje el pico de la emoción para tomar decisiones importantes.

A la escucha y simple observación de los hechos, le sigue la expresión de sentimientos y necesidades y, en su caso, la petición. Estas son las bases de la comunicación no violenta. Se trata de un modo de hablar y comunicarse que fomenta la comprensión y el respeto mutuo de las relaciones. Si fuera una moneda, la cara sería la asertividad y la cruz, la empatía. Por la acepción en su nombre (violenta) podemos tender a pensar que este tipo de comunicación puede verse hostil, enérgica e incluso feroz, pero nada más lejos, puede parecer sutil siendo igual de desfavorable. Es comunicación violenta:

- Ordenar y exigir

- Amenazar

- Dar soluciones por la otra persona, ofrecer consejo prematuramente

- Tratar de convencer

- Etiquetar

- Actuar conforme a "la mejor defensa es un buen ataque"

- Usar la ironía o el sarcasmo

- Ridiculizar o menospreciar

- Hacer comparaciones

Podemos seguir con una lista de tóxicos en la comunicación, algunos más conscientes que otros, como: interrumpir el habla, descalificar lo que la otra persona siente ("No sufras por eso", "no es para tanto"), reaccionar negativamente a sugerencias o críticas, evitar la comunicación o hacer el vacío. Estos tóxicos estarían cerca de la agresividad y lejos de la asertividad. El primer paso comienza por hacer consciente la presencia de estas actuaciones.

8 Práctica

Comunicando sin juicios. Piensa en una situación, reciente o no, que supusiera un conflicto o que te dejara removido y pensando en ello. Escribe en forma de eslogan o titular de periódico las cosas que sucedieron o se dijeron.

Titulares:

✓

✓

✓

✓

✓

✓

✓

Imagina que la Agencia de Autorregulación de la Industria Publicitaria intercepta tus titulares filtrando que no se esté produciendo publicidad engañosa. Vuelve a tus titulares y tacha aquellos que contienen algún juicio. Un eslogan con juicio sería "Juan siempre está delante del ordenador y nunca pasa tiempo conmigo" mientras que el atestado objetivo de esa acción sería "Hoy Juan ha estado en el ordenador de 15:00 a 17:00". Para hacer la criba puedes preguntarte:

- ☐ *¿Es esto publicidad engañosa?*
- ☐ *¿Puedo saber que es verdad con absoluta certeza?*
- ☐ *¿Se interpretaría igual la información vista desde una cámara de vigilancia?*

Reescribe los titulares en forma de hechos

✓

✓

✓

✓

✓

Compara los pensamientos y emociones que te provoca cada titular con juicio VS el titular objetivo.

Pedir lo que necesito y poner límites

Como presentaba en el apartado anterior, a la observación de los hechos sin juicio le sigue la expresión de sentimientos y necesidades y la realización de peticiones si es que se quieren hacer. Podemos hacer distintos tipos de peticiones, una de ellas es establecer límites. En ocasiones, el miedo al rechazo, a dejar de pertenecer o a las consecuencias en las relaciones, puede interferir a la hora de poner límites o decir que no. Esto causa un desequilibrio y conflicto interno en la persona ya que lo que piensa, siente y hace no están en concordancia. Esto te puede suceder de igual manera como líder y como miembro del equipo.

Comunica y expresa tus necesidades y sentir desde el *yo*. Son tuyas y por tanto salen de ti, no desde la otra persona.

Haz peticiones de igual a igual. No te disculpes por establecer tus límites, explica en su caso motivos razonados y asume la posibilidad de recibir un "no" como un límite que la otra persona tiene derecho a formular y no como algo personal.

Recuerda que la persona que se comunica agresivamente puede tener predisposición a rechazar hostilmente el cambio de conducta que no quiere llevar a cabo. Si tu petición está formulada adecuadamente desde la asertividad, el comportamiento estará hablando de la otra persona, no de ti.

Recibir críticas

Encajar la crítica no es tarea fácil puesto que puede remover inseguridades o creencias personales. No tomártelo como personal y utilizarlo como una retroalimentación para mejorar una actitud o tu desempeño, puede ayudar a aprovecharla como una oportunidad. Para ello, de nuevo sirve pasarlo por el filtro del atestado policial, asumiendo tu parte y solo tu parte de responsabilidad.

Una vez pasado por el filtro objetivo, puedes determinar si la crítica es veraz o no. Solo las críticas veraces son relevantes y sirven para mejorar, de lo contrario lo mejor es desecharlas.

De la misma manera, las críticas que se entregan para mejorar, deben elaborarse de manera constructiva:

- Da el *feedback* en la intimidad

- No dilates demasiado en el tiempo la retroalimentación

- Evita hacer juicios de valor. Documenta con datos o fuentes medibles y objetivas

- Evita términos absolutos: "siempre, nunca, nadie, todos…"

- Critica aspectos concretos resaltando también los aspectos positivos, es decir, no te quedes en las debilidades y acentúa también las fortalezas

- No hagas la crítica personal, no va con la persona sino con un comportamiento o unas consecuencias de éste.

9 *Práctica*

Cuando tomamos una crítica como personal, como que el problema está en nosotros, afloran sentimientos como la inseguridad, la inferioridad o la culpa. La culpa puede funcionar como castigo y paralizador.

Te propongo escoger una situación de conflicto y escribir aquello que ha sucedido. Lo que es tu responsabilidad lo escribirás en una de las cajas dibujadas a continuación y lo que es responsabilidad de la otra persona, en la otra caja. Elígelas como prefieras.

Reflexiona sobre si te haces cargo de las cosas de la caja del otro o, en cambio, si pones en su caja cosas que dependen de ti y son tuyas.

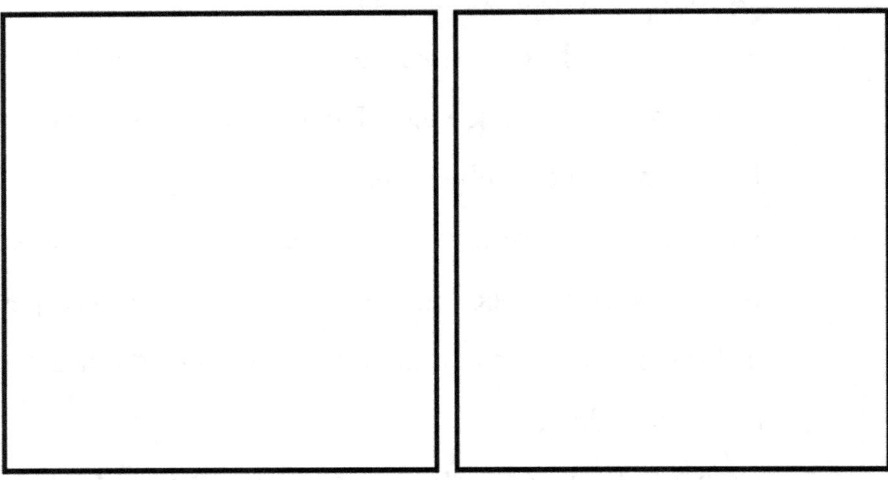

Escribe en una palabra qué supone para ti asumir tu parte real de responsabilidad, ni más, ni menos: _______________________________

Delegar

Aquello que es responsabilidad de otra persona, deberá hacerse cargo la otra persona. Ya sabes esto pero, ¿eres capaz de delegar o acabas asumiendo tareas que realmente le corresponden a otra persona? ¿Qué te impide delegar?

Llegar al fondo de estas cuestiones es el modo en que las relaciones serán igualitarias y equilibradas. Como líder, ser capaz de delegar demuestra confianza en tus colaboradores. Sentir que el líder reconoce y confía en la capacidad del equipo aumenta su motivación.

Tener colaboradores competentes, formados en aquello que precisan y capaces de funcionar de manera autónoma, permitirá que aumente el nivel de confianza y tranquilidad del líder y disminuya la presión de trabajo, además permitirá que el equipo funcione eficazmente en ausencia del líder.

Comunicar tareas o toma de decisiones

Diversos estudios revelaron que los colaboradores se comprometen el doble con los cambios propuestos en la organización si se les explican por completo las razones subyacentes. Cuando la comunicación se da de forma vertical, de arriba hacia abajo en forma de pirámide, es conveniente que expliques a tus colaboradores el por qué se ha tomado la decisión de la que les informas o las razones por las que es necesario hacer determinadas tareas. Quédate con esta cuestión tanto para la comunicación como para la gestión de cambio, de lo cual hablaremos en el capítulo siguiente.

En cuanto a la comunicación en dirección inversa, de abajo hacia arriba, procurar abrir canales que faciliten su eficacia y poner el *pause* al recibir la información aunque te sientas abrumado por las tareas, puede resultar beneficioso, ya que dependes de este canal de información para recibir retroalimentación y obtener ideas de cómo mejorar.

<u>Prevención de conflictos</u>

Comunicar las necesidades propias y establecer límites o normas puede funcionar como vía para prevenir conflictos. Uno mismo es responsable de sus propias conductas y eso es lo único que puede controlar, el resto está fuera de su alcance o pertenece al otro. Pueden producirse disfunciones de diversa naturaleza que dificulten el buen funcionamiento del equipo y que, como líder, necesitas prevenir y abordar. Antes de hablarte sobre estas dificultades y darte algunas herramientas para hacerles frente, te animo a hacer un diagnóstico rápido.

10 *Práctica*

Responde lo más objetivamente posible, y no con lo que crees que deberá pasar, con: habitualmente/A veces/Casi nunca. Y recuerda que las preguntas van por todo el equipo, no solo por una parte.

- ☐ *¿Los miembros del equipo expresan sus ideas sin miedo y sin reservas?*
- ☐ *¿Los miembros del equipo señalan las deficiencias o problemas de los demás?*

☐ *¿Los miembros del equipo sinceramente dicen "lo siento" si han ofendido a otro miembro?*

☐ *¿Los miembros del equipo admiten libremente cuando tienen una habilidad débil?*

☐ *¿Los miembros del equipo entienden cómo cada persona aporta valor al trabajo en equipo y se elogian libremente entre sí?*

☐ *¿Las reuniones de equipo son interesantes, no aburridas?*

☐ *¿Los miembros del equipo se preocupan por decepcionar a sus compañeros de equipo?*

Si la mayoría de tus respuestas son "a veces" o "casi nunca" te recomiendo encarecidamente seguir leyendo. La buena noticia es que las siguientes líneas te van a ayudar a identificar cuáles son esas disfunciones y a "curarlas".

Leoncini describió las causas fundamentales en la disfunción de equipos, que deben ser consideradas y tratadas de manera global y no aislada, es decir, no se trata de poner parches sino de abordarlas desde la base. Haré referencia a estas dificultades haciendo hincapié en algunas herramientas y acciones que pueden servirte, como líder, para solventarlas.

Una de las disfunciones se atribuye a la **falta de confianza** del equipo. Los equipos donde falta confianza desperdician una cantidad enorme de tiempo y energía controlando su conducta e interacciones dentro del grupo. La confianza pasa por asumir que las intenciones de los compañeros son buenas. Pensar en que las intenciones son buenas, facilita pedir ayuda, compartir experiencias, aceptar errores y mostrar vulnerabilidad, confiando en que esa vulnerabilidad no será usada en contra de nadie.

Por otro lado, los líderes en quienes no se confía no podrán ser líderes eficaces. La acción más importante que un líder debe emprender para alentar la construcción de confianza en un equipo es demostrar primero y de manera genuina su propia vulnerabilidad. Como apuntaba en capítulos anteriores, ahí se prueba el ejemplo del líder.

La cura: técnicas para fomentar la confianza del equipo

Determinados ejercicios contextualizados con una buena base en la dirección correcta, pueden ayudar a fomentar la confianza del equipo:

- Ambiente colaborativo donde no se castigue la vulnerabilidad.
- Juegos de presentación, de preguntas sobre costumbres, valores, experiencias o vivencias.
- Ejercicios de interrelación y empatía por la eficacia del equipo. En ocasiones, los conflictos surgen porque un equipo

o departamento desconoce el trabajo de otro, lo que puede llevarle a desmerecer su esfuerzo o su aportación. Actividades centradas en reconocer y valorar aptitudes, trabajos y talentos son apropiadas para desarrollar la conciencia de eficacia.

- Evaluación 360° con el objetivo de conocer y realizar críticas constructivas. Es importante la premisa de las debilidades permitidas y que no se utilicen éstas ni las vulnerabilidades mostradas en contra de la persona.

- Actividades de *team building* alineadas con la cultura de la organización, para desarrollar la relación y cohesión grupal, el sentimiento de pertenencia al grupo y la confianza y proporcionar oportunidades de compartir más allá de la dinámica laboral. Aunque puede tener un enfoque lúdico sin más, lo apropiado es que estas actividades se desarrollen por profesionales dentro de una estrategia clara.

La segunda disfunción que puede producirse está relacionada con el **miedo al conflicto**. ¿Quién dijo que el conflicto fuera malo? No es que todos los conflictos sean buenos, sino que algunos de ellos son constructivos, apoyan las metas del grupo y mejoran su desempeño a futuro. Otros, en cambio, son disfuncionales, destructivos y lo obstaculizan. Al construir la confianza se abre la puerta a un conflicto posible: un conflicto productivo para crecer. Los equipos que evitan el conflicto se condenan a volver una y otra vez sobre los mismos problemas sin resolverlos. Los equipos que se entregan al conflicto productivo saben que su único propósito es producir la mejor solución posible en el lapso más breve de tiempo. Discuten y resuelven problemas más rápido y más completamente que otros. Como líder, esto puedo tenerlo si he superado la anterior, si me he bajado del ego y he mostrado vulnerabilidad a la vez que he mirado con compasión la vulnerabilidad del otro.

La cura: acoger el conflicto y cooperar

- Acoger y normalizar el conflicto constructivo como premisa compartida. Mientras una parte del claustro crea que el conflicto es innecesario, negativo o pretendan evitarlo, no será posible superar esta disfunción. No querer decidir o tomar parte, ya es una decisión. Cuando como líder decides no decidir o no tomar parte, dejas de liderar, ya que otros tomarán decisiones por ti.

- Conocer las tendencias comportamentales al afrontar los conflictos y desarrollar habilidades de cooperación y asertividad.

- Pasar tiempo juntos favorece intercambios comunicativos que minimizan esfuerzos y confusiones.

La **falta de compromiso y evasión de responsabilidades** representan disfunciones posteriores. Para que los miembros de un equipo puedan exigirse mutuamente una conducta y unas actuaciones adecuadas, deben saber con exactitud qué se espera de ellos. El desconocimiento o la evasión de responsabilidades de ciertos miembros, genera injusticia y desequilibrio, ya que probablemente otro u otros miembros deban asumirlas sin pertenecerles, en este caso se ocasiona la tensión en los engranajes que he mencionado anteriormente.

Como líder, incorporar de manera natural a la cultura de la organización el hecho de pedir responsabilidades puede suponer un desafío, no obstante, si se favorece que todos cumplan al máximo de expectativas, no será oportuno un liderazgo de control y burocracia.

La cura: técnicas para fomentar la construcción de compromiso y responsabilidad

- Fomentar la parte de salario emocional. Alguien que te está eligiendo libremente tiene compromiso contigo.

- Involucrar a todos en la toma de decisiones. Si se considera tu opinión y se tienen en cuenta tus ideas y aportaciones, hará que te sientas parte importante y que aumente tu participación y compromiso.

- Pactar entre los miembros los plazos, tareas y funciones en cada actividad o proyecto.

- Empezar con compromisos en cosas pequeñas para desarrollar el hábito y la respuesta cuando vengan cosas de mayor peso.

- Resumen al final. Al finalizar cada claustro o reunión, formula brevemente un resumen de las decisiones y acciones acordadas. Esta recapitulación clarificará las responsabilidades de los miembros, además en ocasiones en este resumen se revela una puntilla o una diferencia de comprensión o discrepancia que no se había detectado con anterioridad.

- Aceptar y creer en las decisiones tomadas. Asegurarse de que se llega a un consenso sobre cuál es la mejor decisión que se ha podido adoptar dentro de las alternativas y posibles efectos. Los miembros deben creer y confiar en la decisión que se ha tomado. ¿Quién crees que tendrá mayor compromiso vendiendo chuletas, un vegano o alguien a quien le encanta la carne? Aunque hay personas con buenas dotes de vendedor, la respuesta parece algo natural. El hecho de creer en una decisión o haber participado en su establecimiento, que no venga impuesta de forma unilateral, aumenta la probabilidad de que la persona la adopte y la defienda como suya con mayor compromiso.

- Las funciones de cada miembro deben estar claras. De esta manera y al igual que hacemos cuando trabajamos cooperativo con nuestros alumnos, es más fácil que cada uno asuma sus responsabilidades si tiene claro lo que se espera de él. Además evitaremos que otro miembro asuma responsabilidades o funciones que no le pertenecen y cargue un peso extra, con el consiguiente desequilibrio del sistema que pueda llevar al *burnout*.

- Hacer breves chequeos del estado y el progreso de las tareas.

- Ofrecer emblemas, refuerzos o recompensas cuando entre en juego el trabajo en equipo. ¡Activa la dopamina con estrategias gamificadas! La gamificación tuvo su origen en el ámbito empresarial adulto y las nuevas tecnologías antes de llegar a nuestras aulas. El juego no es solo cosa de niños sino que es una necesidad para la salud física y mental del ser humano.

La última disfunción a la que me referiré trata de ocuparse de algo distinto a las metas colectivas, es decir, **no centrarse en los objetivos**. Como líder, preguntarte: "¿contribuye esto que estoy haciendo a estar más cerca de mis objetivos, mi misión y mis valores?", puede ayudar a centrarte en ocuparte en el desempeño basado en la contribución.

La cura: ayudar a centrarse en los objetivos

- Tener en cuenta a los colaboradores con un perfil orientado a los logros. Estos necesitarán reconocimiento y alcance de metas.

- Reconocer y apreciar los logros, los objetivos alcanzados y las aportaciones realizadas.

- Objetivos públicos y por escrito. En una diana, el centro es rojo porque es el foco principal, lo que da más puntos y donde debe dirigir su atención el jugador. Con los objetivos debemos hacer lo mismo, lo que queremos lograr debe ser destacado y visible públicamente por escrito.

Toma de decisiones y resolución creativa de problemas

En apartados anteriores, nos hemos centrado en la prevención de disfunciones. En este punto, haré referencia al momento de abordar un conflicto o problema. Si ya formas parte de equipos de liderazgo, sabrás que este es el pan de cada día.

En la resolución de conflictos, un aspecto de suma importancia, aunque pueda sonarte extraño, es la creatividad. Las personas más creativas, resuelven mejor los conflictos y son capaces de esbozar distintas formas de solución. La creatividad es importante tanto en la resolución de conflictos como en la toma de decisiones, porque permite a la persona evaluar el problema desde distintos puntos de vista, incluso los inexplorados o que parecen disparatados, y así entenderlo por completo. Para aplicar soluciones creativas y "pensar fuera de la caja" debes estar dispuesto a dejar de lado prejuicios y estereotipos, estar receptivo a aprender, ser proactivo y salir de tu zona de confort. Por último, debes estar dispuesto a aceptar lo que no está bajo tu control, aprender y construir desde ahí, haciendo lo mejor con la situación y los recursos que se tienen a disposición.

Las investigaciones sugieren que somos más creativos cuando estamos de buen humor, así que es una buena idea hacer cosas que nos hagan felices cuando necesitamos tomar decisiones, crear o resolver un problema.

Algunas técnicas que puedes utilizar para esbozar soluciones creativas a problemas o dificultades pueden ser:

- **El pensamiento lateral**: se trata de romper con las formas de pensamiento tradicionales, teniendo en cuenta todas las perspectivas de la situación a la que se enfrenta para encontrar respuestas y soluciones diferentes que permitan avanzar en el camino. Una herramienta puede ser generar escenarios remotos, indagar en qué elementos habría o en qué tendría que ocurrir para que eso sucediera. También puedes preguntarte las cinco Q (*questions*) en torno a una situación a resolver: por qué, quién, cómo, dónde y para qué.

- **Visual thinking**: con esta herramienta o metodología se pueden resolver problemas de forma individual y colaborativa. Ayuda a ordenar y organizar ideas o contenidos representados por medio de dibujos o textos cortos como mapas mentales o diagramas de flujo.

- **6 sombreros**: se trata de una técnica creativa para el análisis de problemas y la toma de decisiones creada por Edward de Bono. Se basa en cambiarnos las gafas desde las cuales vemos las cosas, en este caso "el sombrero", proponiendo otros tipos de pensamiento o perspectiva en la aportación de ideas ante una situación. Al ponernos el sombrero blanco adoptamos una perspectiva objetiva; con el sombrero rojo, intuitiva; el sombrero negro, se centra en los riesgos; el amarillo hace que nos centremos en las oportunidades; el azul, en la visión global y el verde en la provocación.

- **Diagrama dificultad-resolución creativa**. Te lo planteo en la práctica siguiente.

11 Práctica. Dificultad-solución creativa

Una premisa que utilizo en mis sesiones de coaching es: "tienes el problema delante, pero la solución también, si no lo ves, solo tienes que dibujarlo"

Para ello he generado esta herramienta de problema-solución creativa que resulta muy útil para ordenar ideas, formular hipótesis, considerar recursos, tener empatía con la situación y los involucrados, poner sobre la mesa aspectos que no habías considerado y generar propuestas de solución creativas y que respondan a distintas preguntas. La idea no es solamente producir ideas útiles, sino también novedosas y diferentes a lo que se haya hecho antes y que resulten una oportunidad al problema.

Dibuja la plantilla del diagrama en blanco en un folio y comienza a generar tus respuestas. Te sugiero que especifiques el problema o dificultad, ya que en ocasiones un problema está compuesto por distintos hándicaps que conviene abordar individualmente y hacer un diagrama para cada uno de ellos.

Problema o dificultad	Propuesta y explicación lógica según datos objetivos
	Propuesta de solución emocional, con el corazón
	Propuesta de solución cooperativa ¿Quién podría ayudar?
	Propuesta más rápida VS más duradera
	Propuesta de solución con menos recursos
	Propuesta de solución con acuerdos win-win
	Solución loca a futuro: *Ojalá fuera posible que…*
	Lo peor que podría pasar es…
	La parte positiva de la situación es…

Diagrama problema-solución creativa, Aurora Reig Vañó

CAPÍTULO 4

Gestión del cambio

Herramientas ágiles para la gestión

No se puede pretender ser flexible
y estar abierto a aprender algo nuevo
con una mente rígida y obstinada.

El líder como agente de cambio

Si nuestro ámbito siguiera la teoría de Darwin, metafóricamente, el desempeño de los docentes cambia a lo largo del tiempo, el que no lo hace, se queda fuera de la rueda. No podemos dejar de adaptarnos y quedarnos anclados porque los centros, la educación y nuestra labor necesita permanecer viva y activa.

En las instituciones educativas, el líder es el principal agente de cambio impulsor del equipo, es una actividad inherente del liderazgo en el contexto actual. La capacidad para saber adaptarse y gestionar los cambios es un indicador del liderazgo profesional que implica el trabajo con y para las personas facilitando la aceptación y asimilación de los cambios para tener éxito en procesos de transformación.

Gestión del cambio

El ser humano tiene una resistencia natural y biológica al cambio. Implica inseguridad, miedo a lo desconocido o un gasto extra de energía que no es sencillo asumir. En el proceso de cambio se suceden distintas fases: negación, resistencia, aceptación y exploración. La tarea del líder es ayudar a que la persona avance en las distintas fases de la manera más pronta posible, sin estancarse en ninguna de ellas. Esa ayuda vendrá en forma de herramientas y comunicación.

El proceso de cambio y las resistencias a él suelen contener un componente emocional, creencias y sentimientos que debemos ayudar a gestionar para evitar frustración, inestabilidad o estrés. Para ayudar a consolidar un cambio rápido, efectivo y duradero te propongo tener un plan. Crear una hoja de ruta que exponga el objetivo, el para qué del proceso, que se muestre alineado con los valores de la organización y señale los beneficios. Asegurar metas a corto plazo, pequeños logros que ayudan a mantener la motivación.

Tener claro el camino a seguir proporciona seguridad,
conocer las ganancias aumenta el compromiso.

Empoderar y confiar en la competencia de equipos de personas con talento, darles autonomía y herramientas (formación, herramientas de gestión, apoyo…), involucrarte como líder y comunicar de forma constante, transparente y efectiva, disipando dudas y adelantándote a los obstáculos, hará más viable llegar al último paso del plan: mantener el cambio, afianzar los logros conseguidos en la identidad de la organización.

Herramientas ágiles en la gestión educativa

Es fácil que las tareas del día a día de la dirección sobrepasen tu tiempo: las interrupciones, la aparición de asuntos inesperados que resolver, el mal funcionamiento de las herramientas tecnológicas, la documentación e informes y demás tareas administrativas, la gestión de incidentes…pueden retrasar y acumular los quehaceres y hacer que pierdas perspectiva.

El objetivo del uso de herramientas ágiles es optimizar la ejecución, la organización y las tareas para que el proceso de entrega de valor sea más eficiente. Parte de una organización por equipos de trabajo con objetivos propios o proyectos dentro de la misión estable de la organización, de manera que cada uno sabe cómo contribuye su trabajo y cómo está relacionado con los objetivos del grupo. Divide los objetivos en partes o hitos medibles, ya que parte de la premisa de que es más fácil enfocarse en alcanzar resultados clave que el gran objetivo final. Dividir el trabajo en partes lo hace más manejable, permite abordar una tarea a la vez y reducir la fatiga mental.

El uso de estrategias ágiles propone medir la productividad en función de la importancia de lo que se hace y su valor, no del número de cosas que se hacen. Para ello, en el proceso de desarrollo de planes y proyectos utiliza preguntas foco:

- ✓ ¿Qué estamos haciendo ahora?
- ✓ ¿Estamos haciendo algo que nos aleje del foco?
- ✓ ¿En qué necesitamos poner foco?
- ✓ ¿Qué es lo importante ahora?

Con estas preguntas de focalización, aunque no se haya conseguido aún el objetivo final, todas las propuestas y acciones tienen valor en sí mismas y están orientadas al objetivo.

Organización y gestión del tiempo

¿Te da la sensación de que algunas personas disponen de más de 24 horas al día para hacer tantas cosas? La realidad es que esas personas enfocan sus esfuerzos de manera efectiva minimizando los ladrones de tiempo. El primer paso es identificar en qué pierdes el tiempo. Estos ladrones no siempre son externos sino que también pueden ser internos: la procrastinación, la indecisión, la desorganización, el cansancio, la incapacidad de delegar, la incapacidad para decir "no" o el estrés son perfectos ladrones internos de nuestro tiempo. Identificar, intervenir o limitar también las causas externas que nos roban el tiempo hará que podamos enfocar nuestro trabajo de forma más eficiente. En la siguiente práctica te propongo un ejercicio para distinguir algunos de ellos.

12 Práctica. ¿Cuáles son tus ladrones de tiempo?

- *Dispositivos y notificaciones electrónicas (móvil redes sociales, correo)*
- *Condiciones del entorno*
- *Trámites excesivos*
- *Falta de información*
- *Confusión*
- *Esperas*
- *Cambio constante de prioridades*
- *Multitasking*
- *Perfeccionismo*
- *Reuniones improductivas o innecesarias*
- *Interrupciones continuas*
- *Urgencias*
- *Mobiliario o espacio incómodo*
- *Sistemas TIC deficientes*
- *Desorden físico*
- *Chismes*
- *Falta de objetivos concretos*
- *...*

Una vez has averiguado en qué se pierde tu tiempo, puedes implementar estrategias de gestión que mejor se adapten a tu estilo. Hay personas que prefieren agendas electrónicas y tableros virtuales y otras que los detestan, hay personas que usan la agenda para anotar todo y otras que prefieren anotar en *post it*. Elige las herramientas que mejor se adapten a tus necesidades y sean más funcionales para ti. A modo de propuestas estratégicas:

- Ten un plan diario. Distintos estudios han demostrado que el cerebro se ajusta al tiempo disponible en la realización de una tarea, eso explica por qué hacemos en un día lo que no hemos hecho en una semana. Establecer, dentro del plan, límites de tiempo para las tareas, ayudará a tu cerebro a planificar. Utilizar un indicador visual del proceso resultará útil para planificar y visualizar el estado de los proyectos.

- Distingue lo importante de lo urgente. Con esta finalidad, la herramienta llamada *Matriz de Eisenhower* tiene utilidad en distintos ámbitos de la vida y permite organizar las tareas según el grado de importancia y urgencia y las consecuencias de la gestión de cada una. Algo importante lo es por su entidad, su interés, conveniencia o por el alcance de sus efectos. Algo urgente se reconoce por el apremio que implica o las consecuencias que puede causar su falta.

- Si algo es importante y además urgente: hazlo de manera inmediata, no lo pospongas, de lo contrario puede derivar en estrés o problemas mayores. *Ejemplos: crisis o entregas con fechas de vencimiento.*

- Si es importante pero no urgente: planifícalo. Decide cuándo hacerlo con más tiempo para centrarte en este aspecto, evalúa si hay cosas más urgentes *Ejemplos: desarrollo de medidas o plan de acción para la mejora.*

- Si es urgente pero no es importante: delega. *Ejemplos: llamadas, interrupciones para consultas que puede resolver otra persona.*

- Si no es urgente ni importante: elimínalo. Dedicar tu tiempo y energía a estas cosas y eludir las demás supone una falta de responsabilidad.

Desarrollo estratégico ágil en proyectos y planes de mejora

Es habitual que con cada curso escolar se renueven, se diseñen o se añadan nuevos documentos a elaborar en forma de medidas, programas o protocolos que se solicitan a los centros e instituciones. Una tarea acumulada a las ya existentes generalmente con plazos ajustados.

Puede ocurrir que, al ser trabajo añadido y laborioso, la urgencia para la pronta entrega y para liberar el tiempo dedicado a la elaboración del informe solicitado, nublen la categorización respecto a su importancia. Debe verse, no como una mera solicitud, sino como una herramienta que va a dotar de calidad al funcionamiento de nuestra institución, por tanto, debe tratarse y atenderse acorde a su importancia y valor.

Desarróllalo con técnicas ágiles:

1. No te centres en la entrega sino en su alcance, es decir, en el valor que aporta cada apartado que redactas con cada decisión que se adopta.
2. Simplifica, no es la cantidad sino la calidad. Medidas concretas, específicas y con un cumplimiento realista según las necesidades del centro y los recursos disponibles. Buenas prácticas con gran impacto parten de acciones simples aunque comprometidas.

3. Evalúa si las acciones de otros centros tienen sentido para tu organización o no.

4. Antes de desarrollar un plan, pregúntate:

   ¿Qué problema o necesidad tenemos actualmente y cómo podría solucionarse desde la adopción de medidas concretas (los recursos que puede aportar, aspectos organizativos, acciones...)?

5. Haz una lista de problemas que necesitas solucionar relacionados con ese programa. *Ejemplo: plan para la convivencia. ¿Qué necesidades tenemos? ¿Qué problema nos gustaría solucionar?*

6. Es un documento para ser usado, no solo entregado. Señala el valor que aporta la asunción del plan a tu centro:

   ¿Cómo nos aportará valor realmente este documento?

   ¿Para qué hacemos esto?

Esta filosofía ágil supone adaptar la estructura tradicional a las necesidades actuales, empleando herramientas y técnicas organizativas que doten a los líderes educativos de posibilidades de gestión eficaz, es decir, con el menor consumo de energía y recursos. Así como facilitar su capacidad de movimiento, de adaptación y de toma de decisiones, con el objetivo de liberar de ocupación el tiempo y la mente del docente, dejando espacio para que pueda centrarse en su legado: dejar una bonita huella en la vida de sus alumnos.

Recomendación final

Que nadie se acerque jamás a ti

sin que al irse

se sienta un poco mejor

y más feliz.

Teresa de Calcuta.

CLAVES DEL LIDERAZGO EDUCATIVO

A Elena, por su afecto y persistencia

que han hecho que este libro

esté hoy en nuestras manos.

Sobre la autora

Aurora Reig es psicopedagoga, especialista en pedagogía terapéutica y educación infantil. Se ha dedicado a la docencia desde el año 2008 en diversos puestos: educación infantil, primaria, formación profesional, educación secundaria obligatoria, centros y aulas específicas de educación especial, puestos de especial dificultad y de medidas judiciales.

Creadora y divulgadora de recursos educativos y formadora de docentes en España, tras estudiar el máster en orientación educativa y aptitud pedagógica, se forma como experta en coaching internacional con competencias avanzadas, inteligencia emocional y programación neurolingüística.

El coaching personal le abre camino hacia el coaching ejecutivo y la estrategia empresarial, formándose en MBA y adquiriendo una visión 360º de negocio. Su experiencia profesional la lleva a entrelazar herramientas educativas con empresariales, enriqueciendo sus formaciones y acompañamientos de coaching tanto personal, como ejecutivo y de equipos. Es entonces cuando su desarrollo profesional se sumerge en el ámbito empresarial y ejecutivo, creando una fusión singular entre educación, formación y negocio.

Con una energía natural creativa y nutriendo ambas vertientes convertidas en pasiones, desarrolla su intervención profundizando en las necesidades de las personas en las organizaciones, bien sea en sistemas empresariales o en sistemas educativos. Apostando por una necesidad de cambio de paradigma en este último, propone herramientas de liderazgo y gestión del cambio en educación que eleven el liderazgo de los líderes educativos, desarrollando y haciendo sostenible una cultura basada en la comunicación eficaz, la confianza, la cooperación y el buen clima laboral.

Bibliografía

Bono, E. D. & Diéguez, D. R. (2019). Seis sombreros para pensar: Edward De Bono. Ediciones Paidós.

Cabello, Rosario; Ruiz-Aranda, Desirée & Fernández-Berrocal, Pablo (2010). Docentes emocionalmente inteligentes. REIFOP, 13 (1). ISSN 1575-0965 · Revista Electrónica Interuniversitaria de Formación del Profesorado.

Covey, R. S. (2015) Los 7 hábitos de la gente altamente efectiva. Ed. revisada y actualizada: La revolución ética en la vida cotidiana y en la empresa. Planeta.

Diener, E., Oishi, S. & Lucas, R. E. (2009). Subjective Well-Being: The Science of Happiness and Life Satisfaction. The Oxford Handbook of Positive Psychology, 186-194.

Fredrickson, B. L. (2001). The role of positive emotion in positive psychology: The broaden and build theory of positive emotion. American Psychologist, 56, 218- 226.

Goleman, D. (2022). Como ser un líder. ¿Por qué la inteligencia emocional si importa? B de Bolsillo.

Goleman D. (1998). Working with emotional intelligence. Bantam.

Justice, M., y Espinoza, S. (2007). Emotional intelligence and beginning teacher candidates. Education, 127, 456–461

Landolfi, H. (2016). La esencia del liderazgo: Claves para el ejercicio genuino y auténtico del liderazgo. Editorial Dunken.

Lassen S., Steele M., y Sailor W (2006) The relationship of school-wide positive behavior support to academic achievement in an urban middle school. Psychology in the Schools, 43(6).

Lundin, S. C. (2021). Fish: La eficacia de un equipo. Ediciones Urano.

Lykken, D. T. (2000). Happiness: The Nature and Nurture of Joy and Contentment (1st ed.). Griffin.

Lyubomirsky, S., Tkach, C. & DiMatteo, M. R. (2005). What are the Differences between Happiness and Self-Esteem. Social Indicators Research, 78(3), 363-404

Lyubomirsky, S., Sheldon, K. M. & Schkade, D. (2005d). Pursuing Happiness: The Architecture of Sustainable Change. Review of General Psychology, 9(2), 111-131.

Lope, D. Á. (2020). *LA VISIÓN SISTÉMICA-HS: Un nuevo paradigma de las relaciones humanas.* (3.a ed.). Vive Libro.

Peaden, L. (2016). Book Review of «The Five Dysfunctions of a Team» by Patrick Lencioni. Beltz Verlag.

Robbins, J. P. T. S. A. (2022). Organizational Behavior. Stephen P Robbins, Tim Judge. PEARSON.

Sharma, R. (2020). *Éxito: una guía extraordinaria* (2.a ed.). Penguin Random House Grupo Editorial.

Sheldon K. y Lyubomirsky S. (2006) Achieving Sustainable Gains in Happiness: Change your actions, not your circumstances. *Journal of Happiness Studies,* 7, 55-86.

Vera, B. (2006). Psicología positiva: una nueva forma de entender la psicología. Papeles del Psicólogo, 27,3-8